「〇八憲章」で学ぶ教養中国語

劉燕子・及川淳子 編
Liu Yanzi　Junko Oikawa

集広舎

まえがき

你好！ 本書を手にとってくださり、ありがとうございます。これは長文読解を基本にした中国語学習のテキストです。教養書の性格も備えています。

中国語の修得の段階を大きく分けると、次のようになります。

①初級段階	基礎的な発音、語彙、文法を身につける。 大学の第二外国語では最初の一年間に相当します。
②中級段階	長文を読解でき、また短文を表現できる。 大学では二年次のレベルに相当します。中国語検定試験でいえば、準4級〜3級ですが、2級にチャレンジという意欲が大切です。
③上級段階	日常会話が不自由なくでき、勉強や仕事でほぼ問題なく「聞く、話す」コミュニケーションがとれるが、さらにブラッシュアップするために「読む、書く」能力を高めることが求められます。

長文を目にすると、似たような漢字の羅列で読みにくいと感じるかもしれません。一見してどの漢字も同じような「顔」に見えたりすることさえあります。

でも実は、佐藤晴彦先生がおっしゃるように、中国語の文章は、大きく分けると「骨格」をなすものと、それに付く「肉」にあたる部分になります（『長文読解の秘訣』アルク、2009年より）。それは「主」と「従」とも言い換えられます。次頁に基本構造をあげておきます。

自分が言いたいことを思う存分に中国語の文で書けるようになるためには、オーラル面での「感性的把握」と、文の構造や論理の進め方を理解する「理性的認識」の相互作用が必要です。両者が有機的に組み合わされてこそ、情緒豊かな文章のニュアンスや厳密に考察を積み重ねた論文を理解できるようになります。

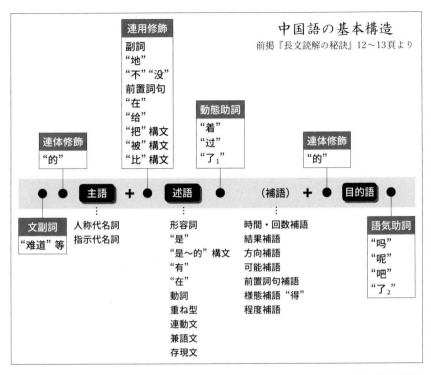

　本書で取りあげる長文は「〇八憲章」です。これは、ノーベル平和賞受賞者の劉暁波が中心になって起草し、303名が連名で、2008年12月9日、インターネットを通して発表した宣言文です。中国の政治社会体制について、中国共産党による事実上の一党体制を終わらせ、自由や民主などの普遍的価値に立脚し、三権分立の憲政を確立し、人権状況を改善することを求めています。将来をより良くしようというビジョンを提起しているので、決して「反中」のような意味合いはありません。その後、署名者は増え続けました。

　劉暁波はメディアでは「民主活動家」などと紹介されますが、むしろ「私には敵はいない」というように、体制／反体制の二元的対立の図式を超えており、広く公共的なことに取り組む「公共知識人」と呼ぶことがふさわしいでしょう。彼はノーベル賞の受賞を知らされたとき、「これは天安門事件で犠牲になった全ての人々の魂に贈られたものだ」と語りました。まことに、私事性を乗り越え、英雄主義を排したことがうかがえます。

国際的に高く評価された「○八憲章」は、内容的に普遍的な価値に合致し、またグローバル・スタンダードを満たしています。それは1968年の「プラハの春」が武力で鎮圧されてから10年後の1977年に発表された「七七憲章」を踏まえており、現代世界史においても重要な意味を持っています。言わば「七七憲章」や「○八憲章」はグローバルな民主化のマイルストーンとなるでしょう。ですから、このテキストは、語学だけでなく、教養（リベラル・アーツ＝自由な学芸）をも豊かにするでしょう。

　コミュニケーション（中国語では「交流、伝播」）は、情報や知識を伝えあうことを通して相互理解、共通認識を高めることです。その基盤には国際的に共有される教養が求められます。ただ単に外国語を学べば国際交流ができるようになるわけではありません。同時代に生きる隣人とお互いに理解しあい、共感しあってこそ、交流が可能となります。

　相手に自分の考えを伝えるだけでは、一方的に「何か」を求めて、引き出そうとすることになり、コミュニケーションは成立しません。大切なことは、お互いに共有すべきものは「何か」と語りあい、分かりあい、それを豊かにすることです。「自由」についていえば、自分の「自由」だけでなく、他者の「自由」も理解し、尊重することが重要です。これにより真の自由を担い得る独立した人格を形成した「教養人」になることができ、それが国際人として認められることに通じます。

　本書は以下の8つの部分から成り立っています。

1.	中国語の本文（ピンイン付き）
2.	本文理解のための文法のポイント
3.	語句の基本的な意味
4.	ミニ解説
5.	応用のためのドリル
6.	さらに理解を深めるためのコラム
7.	本文の日本語訳
8.	ネイティブの朗読（集広舎のサイトに音声をアップしています。URLとQRコードをカバーの袖と奥付前のページに記載していますので、スマートフォンなどにより、いつでも繰り返し聴き、音読してください）

なお、大学の授業で利用する点を考慮し、ガイダンスや総まとめなどを除き、本文を12講に区分しました。文法、語句、ミニ解説、コラムの量はバランスが悪いですが、それぞれ全体に関わっているので、まず本文を通読、味読した上で、各回の本文に取り組んでください。

　故竹内実先生は、ご講演を始める前はいつも、全員で江戸時代の儒学者、佐藤一斉の「少而学則壮而有為、壮而学則老而不衰、老而学則死而不朽」を朗読していました。声が響きあって合唱のようになり、生き生きとした雰囲気になり、教室全体でモティベーションが高まりました。

　音声になった言葉は他者を呼び、コミュニケーションの場を開きます。聞くだけでなく、声に出して読みましょう。中国語の豊かな余情・余韻まで感得できます。目、耳、口、頭脳を総動員することで、マルチアンテナが働き、語学力だけでなく、教養が高まり、想像力・創造力が湧き出すでしょう。そして、日中の漢字文化の源流や伏流まで理解が及ぶようになるでしょう。

　この十年余り、及川淳子さんとは共著の出版などで励ましあってきました。このたびも二人で語学書兼教養書を上梓することができ感慨深いです。

　中国語教育でアドバイスしてくださった佐藤晴彦先生、解説やコラムで助言してくださった辻康吾先生に心から感謝します。

　台湾の友人・黄美珍さんが協力してくださり、アナウンサーの王育偉さんは丁寧に朗読を録音してくださいました。「〇八憲章」は大陸だけでなく台湾の人々も大きな関心を寄せています。このテキストは台湾と日本の努力の結晶と言えます。

　そして、本書の出版を実現してくださった集広舎の川端幸夫社長、編集のスタジオカタチの玉川祐治氏に御礼申しあげます。

令和元年五月

劉燕子

「〇八憲章」で学ぶ教養中国語 | 目次

まえがき	1
第一講	8
第二講	22
第三講	54
第四講	64
第五講	72
第六講	80
第七講	88
第八講	96
第九講	104
第十講	114
第十一講	120
第十二講	130
「〇八憲章」日本語全訳	138
劉暁波プロフィール	146
参考解答例付きドリル	147
あとがき	160

コラム ステップアップのために

① ·· 16
② ·· 36
③ ·· 62
④ ·· 70
⑤ ·· 78
⑥ ·· 86
⑦ ·· 94
⑧ ·· 100
⑨ ·· 110
⑩ ·· 118
⑪ ·· 126
⑫ ·· 136

零八宪章 Líng bā xiànzhāng 第一講

Qiányán
一 前言

Jīnnián shì Zhōngguó lìxiàn bǎinián Shìjiè Rénquán Xuānyán gōngbù
今年 是 中国 立宪 百年,《世界 人权 宣言》 公布

liùshí zhōunián Mínzhǔqiáng dànshēng sānshí zhōunián Zhōngguó zhèngfǔ
六十 周年, "民主墙" 诞生 三十 周年, 中国 政府

qiānshǔ Gōngmín quánlì hé zhèngzhì quánlì guójì gōngyuē shí zhōunián
签署 《公民 权利 和 政治 权利 国际 公约》十 周年。

Zài jīnglìle chángqī de rénquán zāinàn hé jiānnán qūzhé de
在 经历了 长期 的 人权 灾难 和 艰难 曲折 的

kàngzhēng lìchéng zhīhòu juéxǐng de Zhōngguó gōngmín rìjiàn qīngchu
抗争 历程 之后, 觉醒 的 中国 公民 日渐 清楚

de rènshi dào zìyóu píngděng rénquán shì rénlèi gòngtóng de pǔshì
地 认识 到, 自由、平等、人权 是 人类 共同 的 普世

jiàzhí mínzhǔ gònghé xiànzhèng shì xiàndài zhèngzhì de jīběn zhìdù
价值;民主、共和、宪政 是 现代 政治 的 基本 制度

jiàgòu
架构。

chōulíle zhèxiē pǔshì jiàzhí hé jīběn zhèngzhì jiàgòu de xiàndàihuà
抽离了 这些 普世 价值 和 基本 政制 架构 的 "现代化",

shì bōduó rén de quánlì fǔshí rénxìng cuīhuǐ rén de zūnyán de zāinàn
是 剥夺 人 的 权利、腐蚀 人性、摧毁 人 的 尊严 的 灾难

guòchéng
过程。

Èrshíyī shìjì de Zhōngguó jiāng zǒuxiàng héfāng shì jìxù zhè zhǒng
21 世纪 的 中国 将 走向 何方,是 继续 这 种

wēiquán tǒngzhì xià de xiàndàihuà háishi rèntóng pǔshì jiàzhí róngrù zhǔliú
威权 统治 下 的 "现代化", 还是 认同 普世 价值、融入 主流

wénmíng jiànlì mínzhǔ zhèngtǐ Zhè shì yí ge bùrón-ghuíbì dejuézé
文明、 建立 民主 政体? 这 是 一 个 不容回避 的 抉择。

零八宪章 Líng bā xiànzhāng 第一講

文法のポイント

〔1〕在经历了长期的人权灾难和艰难曲折的抗争历程之后

　長いフレーズですが、"在〜之后"の部分に注目しましょう。直訳すると「〜の後に」という意味ですが、「〜を経て」と訳せば自然な表現になります。

〔2〕觉醒的中国公民日渐清楚地认识到

　"的"は連体修飾の構造助詞です。「的」の後には基本的に名詞が来て、それを修飾し、その働きはほぼ日本語の「の」に近いです。ただし全く同じではありません。その違いに気をつけましょう。

　「觉醒的中国公民」を「目覚めた中国公民」と訳すのは、「覚醒の中国公民」と直訳するのが日本語として不自然だからです。構造助詞の代表的なものには連体修飾の「的」の他に、連用修飾の「地」や様態補語を導く「得」もあります。

　"地"は動詞や形容詞の後に置いて修飾語を作ります。つまり、述語成分を修飾するということです。ここでは、"清楚地认识"で、「はっきりと認識する」という意味です。

〔3〕21世纪的中国将走向何方，是继续这种威权统治下的"现代化"，还是认同普世价值、融入主流文明、建立民主政体？

　"是 A, 还是 B"の文型は、「Aか、それともBか？」と答えを選ぶ選択疑問文です。長いフレーズで難しく感じるかもしれませんが、AとBに該当する部分を確認すれば文の構造を理解できます。"还是"を使う選択疑問文では、文末に"吗"を使わないので注意しましょう。

語句

語句	訳と解説
签署	重要書類に署名する。 類義語には「签名（サインする）」があります。
经历	経る。 （ある時期、生活、事件、試練など）を経る。经历了千难万险（いろいろな困難を経た）。
长期	長期。長い間。
灾难	災厄。災難。 国家や民族を襲う甚だしい天災・人災も指します。
艰难	苦難・困難に満ちている。
曲折	曲がりくねっている。
抗争	闘い。抗争。
历程	歴程。経てきた過程。
觉醒	覚醒する。目覚める。 覚悟（juéwù）と比較すると理解が深まります。①覚醒は突然目覚めるという意味もありますが、覚悟は一定の時間をかけ、漸進的です。②覚醒は民族的意識、アイデンティティ、政治的権利などで使うことが多く、覚悟は政治思想一般などで多いです。③覚悟には名詞としての用法がありますが、覚醒にはありません。
日渐	日増しに。日を追って。一日一日と。
认识	認識する。
到	動詞＋到の文型で、動作の結果や目的の達成を表します。
人类	人類。
共同	共通の。
宪政	憲政。立憲政治。民主的な政治。
架构	骨組み。枠組み。構造。
抽离	引き離す。取り除く。 「抽」は間に挟まっているものを引き出す、抜き出すことです。一部分を取り出す、引き抜くことを意味します。
政制	政治制度。
剥夺	剥奪する。奪い取る。

零八宪章 Líng bā xiànzhāng 第一講

語句	訳と解説
权利	権利。対義語は 义务（yìwù）。法律上の義務を指す。
腐蚀	腐食する。堕落する。
人性	人間性。
摧毁	踏みにじる。
尊严	尊厳。
过程	過程。プロセス。
世纪	世紀。
将	もうすぐ……するだろう。 書き言葉で使われた、これから行われる動作を導きます。「まもなく」という訳もありますが、ニュアンスは近未来の範囲が「まもなく」よりも広いです。
走向	……に向かう。……へと進む。
何方	どこへ。どちらへ。いずこへ（書き言葉）。 何方来（どこから来たか）。何方人氏（どちらのお方か）
继续	継続する。 事柄が続くことを表します。
这种	この種の。このような。 指示代名詞です。这＋量詞の文型で、話し手に近い人や事物を指します。
威权统治	権威主義的統治。
下	動詞＋下の文型で（ある条件や範囲）のもとにという意味になります。
认同	認める。同意する。（自分との）共通性を大切にする。
融入	溶け込む。融合する。
主流	河川の本流、主流。 転じて主要な動き、動向、傾向。対義語は支流や傍流。
建立	築き上げる。樹立する。
政体	政体。国家の統治形態。
一个	全体の。まるごと。 这（个）孩子玩了一个暑假（この子は夏休み全部遊びまくった）。
不容回避	回避することを許さない。回避できない。
抉择	選択。

```
ミニ解説
```

◆ 中国立宪百年　中国立憲百周年

　「〇八憲章」発表の百年前、1908年、清朝は立憲君主制による王朝体制の改革を目指し、大日本帝国憲法に倣った「寛保大綱」を宣布しました。

◆ 世界人权宣言　世界人権宣言

　1948年12月10日、第三回国連総会で採択されました。その後に国連で結ばれた人権に関する諸条約・決議などの基礎となっており、また世界の人権に関する規約の中で最も基本的なものです。

◆ 民主墙　民主の壁

　1978年秋から翌春にかけて、文化大革命の失敗に対する反省や批判が現れる中で、自由を求める青年たちが『四五論壇』、『探索』、『启蒙』などガリ版刷りの民間雑誌を発行し、また「民主の壁」と呼ばれた北京市の西単に壁新聞を貼り出し、独裁に反対し、民主や人権を呼びかけました。中国政府は「四个現代化（略語は四化）」で工業、農業、科学技術、国防の「現代化」を打ち出していましたが、それに対して「民主の壁」で中心的な役割を果たした魏京生は政治の民主化を「第五の現代化」として提起しました。

　これらは「プラハの春」にちなんで「北京の春」と名づけられました。しかし、鄧小平は主導権を確立すると弾圧を始め、「春」は短く終わりました。とは言え「民主の壁」は中国の民主運動の新たな幕開けになりました。

◆ 公民权利和政治权利国际公约　国際人権規約

　「市民的及び政治的権利に関する国際規約」（自由権規約、B規約）は「経済的、社会的及び文化的権利に関する国際規約」（社会権規約、A規約）とともに国際人権規約（人権に関する多国間条約）と呼ばれます。中国政府は1990年後半に署名しましたが、まだ全国人民代表大会（全人代）で批准されていません。

◆ 普世价值　普遍的な価値

　国家、民族、宗教などの壁を越えて人類全体が共有できる価値。具体的には、自由、民主、法治（法による統治）、基本的人権などがあげられます。

◆ 现代化　現代化・近代化

　中国語の「現代化」は英語ではmodernizationと訳され、これは日本語では通常「近代化」と訳されるため、混乱が生じがちです。

　基本的に「近代化」は封建的・前近代的なものを排し、科学的合理的に考え、産業革命、技術開発、立憲主義の精神で民主化を進めることを意味し、また「現代化」は時代遅れの方法、設備、機構などを変えて、世界的な水準に近づくというニュアンスがあります。このテキストでは「現代化」と訳します。

　1950年代に周恩来は農業、工業、交通運輸、国防の「現代化」を提唱しました。文革を経て、1970年代末に「四つの現代化」が提起されました。これは物的な発展を目標としており、その後の高度経済成長により「小康」＝まずまずの生活水準が達成されたように思われています。さらに現在では「中国の夢」、「中華民族の偉大なる復興」が提唱されています。しかし「現代化」の核心である政治などの体制の合理化、そして民主化や自由化はないがしろにされています。先述の「第五の現代化」＝民主化は、今もなお重い課題として残っています。

$$\begin{array}{c} \text{ドリル} \\ \textbf{1} \end{array}$$

問題 1 本文に基づいて中国語で質問に答えましょう。

❶ 今年是什么年？

答：＿＿＿＿＿＿＿＿＿＿＿＿＿＿＿＿＿＿＿＿＿＿＿＿＿＿

❷ 普世价值的主要内容是什么？

答：＿＿＿＿＿＿＿＿＿＿＿＿＿＿＿＿＿＿＿＿＿＿＿＿＿

問題 2 日本語が示すように、次の語句を並べ替えましょう。声に出して音読しましょう。（新出単語は自分で調べましょう）

❶ 先生はコーヒーを飲みますか、それとも紅茶を飲みますか？

李老师　咖啡　喝　还是　红茶　喝？（選択疑問文で）

答：＿＿＿＿＿＿＿＿＿＿＿＿＿＿＿＿＿＿＿＿＿＿＿＿＿＿

❷ あなたは来年の夏休みにアメリカに留学に行きますか、それともイギリスに留学に行きますか？

去　明年　美国　你　暑假　留学　还是　去　英国　打算　留学？（選択疑問文で）

答：＿＿＿＿＿＿＿＿＿＿＿＿＿＿＿＿＿＿＿＿＿＿＿＿＿＿

零八宪章 Líng bā xiànzhāng 第一講

問題 3 次の文を中国語に訳し、覚えましょう。

❶ 二年の努力を経て、私はようやく中国語を少し話せるようになった。

答：＿＿＿＿＿＿＿＿＿＿＿＿＿＿＿＿＿＿＿＿＿

❷ 航空便で送りますか、それとも船便で送りますか？

答：＿＿＿＿＿＿＿＿＿＿＿＿＿＿＿＿＿＿＿＿＿

❸ 君は大学を卒業してから、会社に就職するのか、それとも海外留学へ行
くのか、自分で決めてください。

答：＿＿＿＿＿＿＿＿＿＿＿＿＿＿＿＿＿＿＿＿＿

コラム
①

公民

　「公民」は、もともとcitizen（市民）に由来しており、「公民社会」はcivil societyと訳されます。日本では一般に「市民」が使われていますが、中国では「公民」に新鮮な響きがあり、また「〇八憲章」のキーワードの一つです。

　その定義は難しいのですが、「公民社会」は一般に「公」と「私」の間にあり、共同の利益、目標、価値などを共有する人々の社会集団、組織、活動を意味し、それを担うのが「公民」となります。完全な「公」でも「私」でもなく、一定の自治と、それを行使できる権力・権利を持つものとされています。公と私の間の第三セクターとも言えます。それは、法的な権利意識に目覚め、権利擁護を求め、行動する自律した人々により構成される国家権力から独立した社会的共同体とも換言できるでしょう。

　それは、具体的には、学生自治会、労働組合、同業組合、女性団体、環境保護団体、コミュニティ組織、宗教団体、ボランティア組織などのNGO、NPOがあり、さらに、それらを包摂する公共圏も指します。

　もちろん、NGOなどは、中国でも以前からありましたが官製が多く、それとは別に自発的に草の根から生まれ、しかも活発に広がってきました。それに伴い社会生活の内実や質は豊かになり、また意識も高まりました。

　これは大きな変化です。中国では伝統的に「民」は主体としての資格は与えられていませんでした。「民」は心を労することなく、自分自身さえ管理せず、「蒙」の中に眠りこまされる存在でした。言わば社会は群衆の集まりでした。

　また「公民」の類義語に庶民や民間人を指す「老百姓」がありますが、これは軍人、政府職員（官員）、党員と区別されます。つまり「老百姓」は官権の下に位置づけられるのです。

また「人民」は基本的に労働者や農民で、資本家階級は「人民の敵」とされます。毛沢東は「中国人民は立ち上がった」と1949年9月第一回政治協商会議の開会挨拶で宣言し、中華人民共和国が成立したときから「人民」は「新国家の主人公」とされました（ミニ解説「新中国」も参照）。しかし、その意味には、いかにも政府に従順で、主権在民や人権擁護など考えようとしない没個性的なニュアンスもあります。さらに、文革期に濫用され過ぎたため、あまり使われなくなりました。それに代わって「公民」が登場してきたのです。

ちなみに1954年と1975年の憲法では「公民」は一回しか使われていませんが、1982年憲法では第2章「公民の基本的権利及び義務」が設けられ、52回も「公民」が「国民」という文脈で用いられました。

法治──Rule of Law と Rule by Law

中国では「我が国は法家以来の伝統ある法治国家である」と言われています。他方「刑不上大夫（刑罰は支配層に及ばず）」という文言もあります。

ここで春秋戦国時代の法家について見ると、韓非子や商鞅の唱えた法治は、権力者が法を定め、その法で民を支配することでした。それは「法を用いた支配（Rule by Law）」と言えます。

ところが、近代的立憲主義の「法治」は「法がすべてを支配（Rule of Law）」することで、たとえ権力者といえども例外ではないのです。法は、民衆の意志を反映する議会で制定され、政府（権力者）をも拘束します。

中国の憲法の前文では、各民族人民は、中国共産党の指導の下に、マルクス・レーニン主義、毛澤東思想、鄧小平理論、"三つの代表"、科学的発展観、習近平による新時代の中国の特色ある社会主義思想に導かれて、人民民主独裁を堅持し、社会主義の道を堅持すると書かれています。共産党の「指導」の下にとありますが、原文では「領導」で、この言葉は上下関係に基づく指揮を意味します。つまり、憲法では中国共産党が最高指揮権を有すると規定されているのです。

このため、憲法の各論で個別の権利がいくら保障されても、党の「指導」は
それを凌駕して、絶対的になります。憲法で規定された公民の権利を徹底しよう
とすれば、「すべての権力は人民に属する」と「共産党の指導の下に」の整合
性が問われます。共産党は特別な地位にあり、党と憲法のいずれが上位にある
のかという疑義まで出てきます。「我が国は法家以来の伝統ある法治国家である」
はスローガンであって、この問題を糊塗しているという指摘まであります。

　実際、党は全人代より強い権力をもって法を定め、全人代は党の決定を追認
する場であると言われています。さらに、文革期を頂点として、党はその法さえ
無視して、「革命」を押し進めました。

　政治的には階級闘争論とプロレタリア独裁論に基づく事実上の一党独裁体制
であり、法務では、各級共産党の政法委員会が裁判所（法院）を指導します。
かねてから司法からの分離が言われてきましたが、一種の枕詞にすぎません。

　思想史的に見れば、社会主義は本来、普遍的な価値を実現しようとする中で
生まれました。中国の現行憲法でも民主、人権、法治など普遍的な価値を記述
した条文が多くあります。このため、中国は「西側世界がリードしてきた普遍的
な価値」を受け入れるべきか、或いは「中国独自の道」を進むべきかと問われ
ています。これは次に述べる中国の「特殊性」にも関わります。

中国における人権

　人権は近代市民社会の生成において言論、報道、集会、結社の自由などの
自由権として求められました。人権思想では、すべての人間が生まれながらに
人権を持っており、他から賦与されるものではないとされます。それは社会制度
を構成する基本的要素に位置づけられているのです。

　中国の憲法では、第2章「公民の基本的権利及び義務」の第35条で「中華
人民共和国公民は、言論、出版、集会、結社、行進及び示威の自由を有する」
と書かれていますが、第51条では「中華人民共和国公民は、その自由及び権
利を行使するに当たって、国家、社会及び集団の利益並びに他の公民の適法

コラム①

な自由及び権利を損なってはならない」と記されており、実際では当局の考える「国家、社会及び集団の利益」が優先されるようになっています。

そして、社会主義制度に加えて、数千年の歴史やまだ発展途上であること等々の中国の「特殊性」を理由に、自由権よりも生存権、医療保障権、教育権、就業権などの社会権に重きが置かれる傾向があります。そのため個人の人権は、集団的、国家的な利益の下に位置づけられることになります。

それでも、政府としては、1991年に国務院は『人権白書』をまとめました。2004年3月の憲法改正で、第33条2に「国家は、人権を尊重し、保障する」と明記されました。2009年、国務院新聞弁公室は「国家人権行動計画（2009-2010年）」を発表し、「公民的および政治的権利の保障」では、①人身の権利、②被拘禁者の権利、③公正な裁判を受ける権利、④宗教信仰の自由、⑤知る権利、⑥参与権、⑦表現権、⑧監督権の項が設けられ、それぞれ政府の取り組むべき課題が述べられています。この「国家人権行動計画」は、その後も逐次更新されています。

このように、人権の保障は進んでいるように見えますが、その一方、先述の「特殊性」から多くの挑戦に直面しており、人権を十分に享有するという崇高な目標の実現は遙か遠いとも指摘されています。

なお、中国語の「信仰」の意味は日本語よりも広く、○○主義なども含みます。

年軽的朋友来相会（若き友よまた会おう）——「現代化」に関連して

13ページのミニ解説で述べたように、1970年代末に「四つの現代化」が提起されました。

1977年、中国共産党第11回党大会で「現代化」は国の最重要課題としました。1979年12月、鄧小平は三段階による「現代化」という構想を打ち出し、GNP（国民総生産）を倍増させ、人民を「小康」に到達させると提起し、1980年代の経済成長が始まりました。

こうして1970年代末から80年代前半、階級闘争論と決別し、改革開放で市

場経済化が進められ、この領域で自由が広がりました。都市部では民間会社の設立が認められ、農村部では土地請負（生産請負）制が導入され、農産物の自由化、労働力市場の自由化、厳しい戸籍移動制限の緩和などがなされました。大学入試制度が復活し、ある程度の能力と努力・根性があり、受験を突破すれば、農村から都市への移住は可能になり、さらに兵役などで一定ランク以上の階級に昇進すれば「国家幹部」になれるようになりました。こうして国民のエネルギーは「四つの現代化」に向かいました。

　作家・査建英編著『八十年代訪談集』では、11人の文化エリートのインタビューが収録されています。「80年代」は「文化的記号」でもあり、理想や希望に燃えた情熱とロマンの時代でした。言論、表現、文学、芸術で自由が広がりました。

　筆者が高校生のころ、町中、校内でも至る所に、まっ赤な横断幕などで「四つの現代化を実現するために頑張ろう！」という標語が張り出されていました。

　そして、朱逢博の「年軽的朋友来相会」が大ヒットしました。

　　♫ 但愿到那时／我们再相会／举杯赞英雄／光荣属于谁／为祖国／为四化／流过多少汗？／回首往事心中可有愧 ♫
　　♫ 願うなら、その時が来れば／ぼくたちまた会おう／杯をあげて英雄をたたえよう／栄光は誰のもの／祖国のため／「四つの現代化」のため／どれだけ汗を流したか／振り返ってみて、恥じ入らないように ♫

　軽快なメロディーに乗った澄んだ歌声に、高校生の私たちは聞きほれました。歌詞やリズムは歌いやすく、みな口ずさみながら、80年代の痛ましい昂揚感に包まれました。

　奮起して一所懸命努力しよう。我が祖国には希望がある。私たち文革終焉後の「新青年」は明るい未来を夢見ていました。

　また、劉震雲の短編小説「塔舗」もありました。河南省延津の農村の貧困家庭出身の若者たちの受験競争が描かれています。あばら屋のような教室の「補習班」で、参考書はないけれど必死に猛勉強します。一生の運命を賭ける「高

コラム ①

考（全国高等院校招生統一考試）」で緊張の余りバタンと倒れる者。貧しさのため
やむを得ず退学する者。党中央教育部に手紙を書く者。

　最後に、主人公の淡い恋の相手の愛蓮は、父親の病気の治療のため、受験
を諦め、医療費と引き替えに見知らぬ人と結婚……。

　「ねえ、大学に受かっても、私のこと、忘れないでね。二人の分まで大学に行
きましょうね」との言葉を残して……。

　辛く悲しい別れです。

零八宪章 Líng bā xiànzhāng 第二講

Shíjiǔ shìjì zhōngqī de lìshǐ jùbiàn bàolùle Zhōngguó chuántǒng
19 世纪 中期 的 历史 巨变, 暴露了 中国 传统

zhuānzhì zhìdù de fǔxiǔ jiēkāile Zhōnghuá dàdì shang shùqiān nián
专制 制度 的 腐朽, 揭开了 中华 大地 上 "数千 年

wèiyǒu zhī dà biànjú de xùmù Yángwù yùndòng zhuīqiú qìwù céngmiàn
未有 之 大 变局"的 序幕。 洋务 运动 追求 器物 层面

de jìnliáng Jiǎwǔ zhànbài zàicì bàolùle tǐzhì de guòshí Wùxū Biànfǎ
的 进良, 甲午 战败 再次 暴露了 体制 的 过时; 戊戌 变法

chùjí dào zhìdù céngmiàn de géxīn zhōngyīn wángùpài de cánkù zhènyā
触及 到 制度 层面 的 革新, 终因 顽固派 的 残酷 镇压

ér guīyú shībài Xīnhài Gémìng zài biǎomiàn shang máizàngle yánxù
而 归于 失败; 辛亥 革命 在 表面 上 埋葬了 延续

liǎngqiān duō nián de huángquán zhìdù jiànlìle Yàzhōu dì-yī ge
两千 多 年 的 皇权 制度, 建立了 亚洲 第一 个

gònghéguó
共和国。

Yóuyú dāngshí nèiyōu-wàihuàn de tèdìng lìshǐ tiáojiàn gònghé zhèngtǐ
囿于 当时 内忧外患 的 特定 历史 条件, 共和 政体

zhǐshì tánhuā-yíxiàn zhuānzhì zhǔyì xuánjí juǎntǔ-chónglái
只是 昙花一现, 专制 主义 旋即 卷土重来。

Qìwù mófǎng hé zhìdù gēngxīn de shībài tuīdòng guórén shēnrù
器物 模仿 和 制度 更新 的 失败, 推动 国人 深入

dào duì wénhuà bìnggēn de fǎnsī suì yǒu yǐ kēxué yǔ mínzhǔ wéi
到 对 文化 病根 的 反思, 遂 有 以 "科学 与 民主" 为

qízhì de Wǔ-sì Xīnwénhuà Yùndòng yīn nèizhàn pínréng hé wàidí
旗帜 的 "五四" 新文化 运动, 因 内战 频仍 和 外敌

rùqīn Zhōngguó zhèngzhì mínzhǔhuà lìchéng bèipò zhōngduàn
入侵, 中国 政治 民主化 历程 被迫 中断。

Kàng Rì Zhànzhēng shènglì hòu de Zhōngguó zàicì kāiqǐle xiànzhèng
抗 日 战争 胜利 后 的 中国 再次 开启了 宪政

lìchéng rán'ér Guó-Gòng nèizhàn de jiéguǒ shǐ Zhōngguó xiànrùle xiàndài
历程, 然而 国共 内战 的 结果 使 中国 陷入了 现代

jíquán zhǔyì de shēnyuān Yī jiǔ sì jiǔ nián jiànlì de Xīn-Zhōngguó Míngyì
极权 主义 的 深渊。 1949 年 建立 的 "新中国", 名义

shang shì Rénmín Gònghéguó shízhì shang shì Dǎng tiānxià
上 是"人民 共和国", 实质 上 是 "党 天下"。

Zhízhèng dǎng lǒngduànle suǒyǒu zhèngzhì jīngjì hé shèhuì zīyuán
执政 党 垄断了 所有 政治、 经济 和 社会 资源,

zhìzàole Fǎn-Yòu Dà-Yuèjìn Wén-Gé Liù-Sì dǎyā mínjiān zōngjiào
制造了 反右、 大跃进、 文革、 六四、 打压 民间 宗教

huódòng yǔ wéiquán yùndòng děng yí xìliè rénquán zāinàn zhìshǐ shùqiān
活动 与 维权 运动 等 一 系列 人权 灾难, 致使 数千

wàn rén shīqù shēngmìng guómín hé guójia dōu fùchūle jíwéi cǎnzhòng de
万 人 失去 生命, 国民 和 国家 都 付出了 极为 惨重 的

dàijià
代价。

文法のポイント

〔1〕戊戌变法触及到制度层面的革新，终因顽固派的残酷镇压而归于失败；

接続詞の"而"は、書き言葉で用いることが多い表現です。関連する前後二つの語句を結び、前後の「順接」「逆接」「並列」などの関係を表します。「順接」と「逆接」ではまったく逆の意味合いになるので、文脈全体で意味をとらえるように注意しましょう。

〔2〕遂有以"科学与民主"为旗帜的"五四"新文化运动，

"以～为…"は、「～を…とする」という書き言葉の表現です。"以～为…"は後ろの内容を受ける用法で、ここでは「科学と民主を旗印とする」という意味になります。

〔3〕国共内战的结果使中国陷入了现代极权主义的深渊。

"使"は「使役」の表現で、「…に…させる、…をして…せしめる」という意味になります。ここでは、「国共内戦の結果は中国を現代版全体主義の深淵に陥れた」という意味です。"使"の直後にある"中国"が"陷入"という動作の対象なので、語順に注意してください。

"使"はやや堅苦しい文語的な表現です。使役の表現で"让（ràng）"は必ず兼語文を構成し、また"叫（jiào）"と言い換えることができる場合が多いです。

否定文は"不"や"没"を"让"や"叫"の前に置きます。疑問文は"吗"疑問文の他に"让不让"や"叫不叫"という反復疑問文もあります。

ただし、書き言葉で"让我们"や"让我们的"の形で願望を表す用法がありますが、"叫"で言い換えることはできません。"让我们一起努力吧"はいいですが、"叫我们一起努力吧"はいけません。

零八宪章 Líng bā xiànzhāng 第二講

語句

語句	訳・解説
中期	期間半ば（の）。中ごろ。
历史	歴史。
巨变	激変。
暴露	暴露する。明るみに出す。
传统	伝統。
专制	専制（的である）。
揭开	開く。明らかにする。
追求	追求する。積極的に求める。
器物	器物や用具の総称。 ここでは西洋の機械文明の技術を表面的に指す喩えとして使われています。
层面	側面。
进良	進歩と改良。
再次	再び。
过时	時代遅れである。
触及	……に触れる。関わる。当たる。
革新	革新する。 動詞として用いることができますが、目的語をとることはあまりありません。
终	ついに。とうとう。
因	……なので。だから。ために。
顽固派	頑固派。 改革派の「洋務派」に対して守旧派は「頑固派」と呼ばれました）。
镇压	鎮圧する。弾圧する。
归于	……に帰す。属する。 動詞の後に"于"が付く用法は論説体の常用表現です。その後には場所、時間、対象など様々な事柄が置かれます。 中华民国成立于1912年（中華民国は1912年に成立した）。
失败	失敗する。敗北する。
在	……で。……に。 動作や事業が行われる場を指します。 在表面上（表面的には）。

25

語句	訳・解説
延续	引き続く。延長する。
皇权	皇帝の権力。
亚洲	アジア。同義語は亚细亚（Yàxìyà）。
囿于	……に制約される。
当时	当時。その頃。
内忧外患	内憂外患。国内の憂慮すべき問題と外国の侵略。
历史条件	歴史的条件。
只是	ただ……だけである。……にすぎない。
昙花一现	月下美人。ウドンゲ（植物）。 転じてぱっと咲いてすぐに消えてしまうもの、珍しいものの喩え。
专制主义	専制主義。
旋即	直ちに。すぐさま。
卷土重来	捲土重来。勢いを盛り返して再挑戦する。 ただし、中国語のニュアンスではあまりよい意味で使われません。よい意味で勢いを盛り返すという場合は「东山再起」を用います。
模仿	模倣。
推动	推進する。促進する。
国人	国民。
深入	中まで入り込む。深く掘り下げる。
病根	病根。病巣。
反思	反省。再認識。
遂	遂に。そこで。
有	発生する。生じる。
以	为……と組み合わせて固定的形式 "以……为……" を作り、「……を……と見なす（判断する、感じる、評価する)」などの意味を表します。
与	と。および。（並列を意味します）
旗帜	旗幟。旗印。 転じて、状況に対する態度・主義・主張・路線など。
内战	内戦。
频仍	絶えず起きる。しばしばである。
外敌	外敵。
入侵	侵入。

零八宪章 Líng bā xiànzhāng 第二講

語句	訳・解説
被迫	強いられる。余儀なくされる。
开启	開く。創始する。
然而	けれども。しかし。ところが。（書き言葉に用いられることが多い）
陷入	（不利な状況に）陥る。落ちる。
极权主义	全体主義。
深渊	深淵。
名义	名義。名目。
实质	実質。本質。
执政	政務を執る。政権を握る。
垄断	壟断する。独占する。
所有	あらゆる。全ての。
制造	造り出す。もたらす。
打压	攻撃し抑圧する。
民间	民間（の）。非政府（の）。「〇八憲章」のキーワードです。
等	……など。 一部分の例示というニュアンスで用いられます。等等（děngděng）と重ねることもあります。
一系列	一連の。一つながりの。
致使	……という結果になる。……することになる。 先行の由于（yóuyú）や因为（yīnwèi）などと呼応して、一定の原因による結果を述べる用法が多いです。
失去	失う。なくす。
付出	支払う。差し出す。
极为	極めて。語調が重々しい書き言葉です。
惨重	（被害や損失が）甚大である。
代价	代償。代価。

```
ミニ解説
```

◆ 中华　中華

　古くは漢民族の興った黄河流域一帯を指し、後に中国全体を意味するようにな
りました。「中華」は一種の普遍主義的な「天下」の観念であり、近代的な「国
家」の概念とは異なります。

　「中華」という言葉が中国語において実際に使われ始めたのは紀元五〜六世
紀の南北朝時代からで、およそ1500年余りの歴史があります。

　ただし「中華」が文化的に形成された時期に「中原」や「中国」という舞台で
主役を演じたのは、漢民族というより、周辺から入ってきた異民族の支配者でし
た。このため「中華文化」は周辺の諸民族と共存共栄することが正当であるとい
う政治権力の象徴的な言説として使われました。

　「中華民族」の概念は、変法維新派の梁啓超（1873〜1929年）が1920年に
「論中国学術思想変遷之大勢（中国学術思想の変遷と趨勢を論ず）」で提出しました。
彼は日本語の文献から英語のnationの訳語である「民族」を見つけ出し、それ
と「天下」を意味する「中華」を結びつけて「中華民族」の造語を導き出しました。

　孫文はこの「中華民族」を革命運動の政治理念に位置づけました。そして、
蒋介石たちは日本と戦うためこれを民族主義へと引き上げました。それは今日の
中国公式の民族観にも引き継がれています。でも、中国では戸籍登録、公的機
関の様々な証明書や免許証などには必ず「民族」の欄がありますが、「中華民
族」と書く者はいなく、漢民族やチベット民族などと書くのが通常です。

◆ 数千年未有之大変局　数千年来未曾有の大変動

　「数千年来未曾有の大変動」は梁啓超『李鴻章伝』からの引用です。李鴻章
（1823〜1901年）は洋務運動を推し進め、政治外交を担い、清朝の建て直しに
努めました。日清戦争の講和のための下関条約の交渉では清朝の欽差大臣（全
権大使）となりました。

零八憲章 Líng bā xiànzhāng 第二講

◆ 洋务运动　洋務運動

「洋務」は元々西洋との折衝に関する事務を意味し、「洋務運動」は19世紀後半、李鴻章や曾国藩たちを中心として清朝政府が進めた近代化を指します。西洋の技術が導入されましたが、中国の制度は西洋の技術より優れているという「中体西用論」に基づいていました。それは、現体制を維持しつつ改革を進める「改革開放」路線と類比的であるという指摘もあります。

◆ 甲午战败　甲午戦争での敗北

甲午戦争は1894～95年の日清戦争を指します。勃発した1984年は甲午の年^{きのえうま}であったことに由来します。

◆ 戊戌变法　戊戌の変法

戊戌の年^{ぼじゅつ}（1898年）に康有為たちが光緒帝を奉戴して進めた政治改革です。明治維新などをモデルに立憲君主制が目指されましたが、守旧派の西太后は袁世凱たちと結んでクーデタ（戊戌の政変）を起こし、改革は約100日で頓挫しました。「変法自強運動」、「戊戌維新」、「百日維新」とも呼ばれます。

◆ 五四新文化运动　五四新文化运动

1919年5月4日に起きた反日・反帝国主義の学生運動に端を発した文化運動です。「五四運動」、「五・四」と略されます。

胡適、陳独秀、魯迅たちが中心となり、封建的専制的な伝統文化を打破し、民主主義と科学的精神による近代化や新しい文化の創造を提唱しました。

その先駆には、陳独秀たちが上海で創刊した『青年雑誌』（後に『新青年』と改題）があります。

また、毛沢東と中国共産党は、五四運動を初めてプロレタリアートが指導的勢力として登場した新民主主義革命の始まりと規定し、中国革命史上において画期的であると意味づけました。ただし今日では、これが歴史認識として妥当か否かをめぐり議論があります。その中には五四運動における急進的な反伝統主義に文化大革命などの過激な政治運動の原型を見出すものもあります。

29

◆ 抗日战争　日中戦争

　抗日戦争は、1930年代から1945年までの日本の侵略に対する抵抗の戦争を指し、日本で使われる「日中戦争」に相当します。その結果については、共産党も国民党も、アヘン戦争以来の外国の侵略に対する初めての完全な勝利で、全民族の抗戦の勝利であるとしています。

　その上で、共産党は中華人民共和国建国の基礎固めの準備期間と規定し、政権の正当性や合法性を強調しています。つまり、抗日戦争に勝利しただけでなく、国共内戦にも勝利したことは、共産党の指導が正しかったということです。

　抗日戦争の起点については、大別して、1931年の柳条湖事件（満州事変）とする説と1937年の盧溝橋事件とする説の二通りあります。中国では従来、後者の「八年の抗戦」が専ら使われてきました。しかし、中国教育省は2017年春学期から小中高生向け歴史教科書などで、抗日戦争の期間を1931年から1945年までの14年にするよう求めました。

　歴史教育をめぐる日中間の最大の相違点は抗日戦争です。論争が続いていますが、"the history"ではなく、"histories"を互いに認めあうことが鍵となり、そのためには学問や言論の自由が保障されなければならないでしょう。

◆ 国共内战　国共内戦

　国民党と共産党の間の内戦で、第一次国共内戦（1927～1936年）と第二次国共内戦（1945～1949年）の二つあります。後者では、日本占領地域の接収と中国の支配権をめぐり1945年10月に再発し、1946年7月から全面的な戦争状態に突入しました。国民党は敗北して、台湾に移り、共産党は1949年10月1日に中華人民共和国の成立を宣言しました。

　台湾の作家・龍応台は歴史ノンフィクション『大江大海』、『目送』、『天長地久』三部作で国民党政府軍とともに戦乱を逃れて海峡を渡り、離散（ディアスポラ）したごく普通の民間人の数知れない生と死を淡々とした筆力で紡ぎ出しています。これまで語られることのなかった"敗者"の声を真摯に汲み上げたスケールの大きいポストメモリーの記録文学です。

　台湾人（本省人）は50年にわたる日本統治期を経た後、大陸から来た「外省

人」という新たな勢力の大波に呑み込まれました。両者はそれぞれの痛みを抱え
ながら台湾という小さな島で暮らしを営み70年以上も過ぎました。このような歴史
と多角的に見つめ直すことができる文学です。

◆ 新中国　新中国

　1949年10月、中華民国の政権党であった国民党との内戦に勝利した中国共
産党は中華人民共和国という新しい国家「新中国」を樹立しました。そして、
1949年以前の中国を「旧社会」、人民共和国の成立を「解放」と呼び、「人民
当家作主」と人民が国家の主人公になるといいました。

　これに先立ち、9月に開かれた中国人民政治協商会議第一回総会開会式の
挨拶で毛沢東は「中国人民は立ち上がった」と宣言しました。それ以来「新中
国」では「人民」が主人公であり、また「没有共産党、没有新中国（共産党が
なければ、新中国はない）」と唱えられ続けてきました。「新中国」と「人民中国」と
「共産党」がワンセットとなっているのです（コラム「公民」も参照）。

　2011年には中国共産党建党90周年で様々な慶祝行事がなされ文革時代の革
命歌を唱和する「紅歌」運動が流行り、その中で「没有共産党、没有新中国」
も繰り返されました。

◆ 大跃进　大躍進

　1958年から1960年にかけて毛沢東が主導し、ソ連をモデルにした大衆動員
による工業、農業などの大増産による理想社会の実現を目指した急進的な運動
です。ところが、深刻な飢饉が中国全土を席巻しました。元新華社記者の楊継
縄は約20年に及ぶ綿密な調査に基づき3年間で餓死者や非正常の出生減を合
わせて3500〜4000万人が犠牲となった悲劇の全容を分厚い二冊の歴史ノンフィ
クション『墓碑』（邦訳『毛沢東　大躍進秘録』文芸春秋、2012年）で発表しました
（犠牲者は1000万人から3000万人との説もありますが、正確な公式統計は発表されてい
ません）。

　これは文化大革命と並ぶ現代中国の最大の悲劇であるため、中国政府は公
式見解として「三年自然災害」、あるいは「三年経済困難」と呼んでいます。し

かし、楊は毛沢東のユートピア建設計画が史上最悪の人災たる大飢饉をもたらしたと指摘しています。

　1959年の廬山会議で、毛沢東と同じ湖南省出身で国防相だった彭徳懐は大躍進の修正を求める書簡を送りましたが、毛の怒りを買い解任されました。党内の異見が毛の「一言堂（一言で物事を決める）」に封殺されたのです。それでも大躍進に失敗が顕在化したため、毛沢東は責任を取る形でようやく1959年4月に国家主席を辞任しました。代わって就任した劉少奇は1962年1月の党中央工作会議（七千人大会）で「三分天災七分人禍(三分は天災、七分は人災)」と発言し、鄧小平とともに経済の再建に取り組みました。しかし、1966年には再び指導権を得ようとする毛沢東の策動により文化大革命が起きました。

◆天安门事件　天安門事件

　一般に天安門事件は1989年6月4日に起きた民主化を求める学生・市民への人民解放軍による武力鎮圧を指しますが、実はその前にも天安門事件が起きていました。1976年4月5日の大規模なデモへの弾圧事件で、これは第一次天安門事件、あるいは「四・五天安門事件」と呼ばれています。同年1月8日に死去した周恩来を追悼するために清明節の4月4日から5日に30〜50万人規模の民衆が天安門広場に集まり、政策を諷刺する詩や詞によって「四人組」への抗議の声をあげました。これは中華人民共和国建国以来最初の自発的で大規模な抗議行動になりました。「四人組」は弾圧しましたが、却って民心を失い、最終的に失脚し、これにより10年に及んだ文化大革命に終止符が打たれることになりました。

　1989年の天安門事件は起きた日にちから「六・四事件」、「六・四大虐殺」（略称は六・四）、血の日曜日とも呼ばれます。これについてはコラム「天安門民主運動と六・四」で述べています。

◆维权　権利擁護

　「维权」という言葉が1990年代半ばからメディアで盛んに登場するようになりました。意味は合法的権益の維持・擁護です。それには大きく二つの意味があり

ます。一つは、合法的あるいは非合法的に政府当局が個人、特に社会的弱者の権利（政治、財産、環境、公共サービスなど）を侵したり、奪ったりすることを防ぐために、民衆が合法的な方法（訴訟、直訴、インターネットでの言論など）で組織する活動です。もう一つは、政府当局が組織する、消費者の権益を保護し、ニセモノに打撃を与えることを主にした活動です。法律や政策の範囲内という限りで「維権」は認めてられているものの、当局はそれを公共秩序の攪乱、政治権力への対抗と見なし、法制度的にも締めつけを厳しくしています。

その一方、改革開放から40年が経ち、グローバリゼーション、市場経済化、新興メディアの台頭などにより民間世論が形成され、政治意識の覚醒や公民社会の成長が見られます。政府も、党の支配体制に危害が及ばない政治的安定を前提として、合法的権益の保護をアピールしており、それに伴い自由や権利の緩やかな拡大を認めざるを得なくなるでしょう。このようなわけで「権利擁護」運動は公民の社会参加の現実路線の柱となりつつあります。（コラム「『維権』と『群体（性）事件』」も参照）。

ドリル
2

問題1 本文に基づいて中国語で質問に答えましょう。

❶ 亚洲第一个共和国是什么时候建立的？

答：＿＿＿＿＿＿＿＿＿＿＿＿＿＿＿＿＿＿＿＿＿＿＿＿＿＿

❷ "五四" 新文化运动是哪一年发生的？ 以什么口号为旗帜？

答：＿＿＿＿＿＿＿＿＿＿＿＿＿＿＿＿＿＿＿＿＿＿＿＿＿＿

問題2 日本語が示すように、次の語句を並べ替えましょう。声に出して朗読しましょう。（新出単語は自分で調べましょう。）

❶ 先生は私たちに授業の後でたくさん読み、聞き、練習するように要求します。

老师　我们　多读　让　多听　多练习　课后

答：＿＿＿＿＿＿＿＿＿＿＿＿＿＿＿＿＿＿＿＿＿＿＿＿＿＿

❷ お母さんは妹をスーパーへ買い物に行かせます。

妈妈　妹妹　叫　去　东西　超市　买

答：＿＿＿＿＿＿＿＿＿＿＿＿＿＿＿＿＿＿＿＿＿＿＿＿＿＿

❸ 父は、私に大学で勉強を主としなければならないと言う。

大学　在　我　为　以　学习　主　爸爸　必须　说

答：＿＿＿＿＿＿＿＿＿＿＿＿＿＿＿＿＿＿＿＿＿＿＿＿＿＿

34

零八宪章 Líng bā xiànzhāng 第二講

問題3 次の文を日本語に訳しましょう。また、中国語は声に出して覚えましょう。

❶ 虚心使人进步，骄傲使人落后。

答：＿＿＿＿＿＿＿＿＿＿＿＿＿＿＿＿＿

❷ 他靠勤奋和努力取得的好成绩，使人心服口服。

答：＿＿＿＿＿＿＿＿＿＿＿＿＿＿＿＿＿

❸ 他那种只说不干，华而不实的工作作风，久而久之，失去了民心。

答：＿＿＿＿＿＿＿＿＿＿＿＿＿＿＿＿＿

コラム
②

辛亥革命

　辛亥の年の1911年10月10日、武昌蜂起を発端とした民主主義革命で、大清帝国を打倒し、1912年1月1日に中華民国を樹立しました。中華民国はアジアで初の共和制国家で、それは秦朝以降、王朝が変遷しても帝国として長期にわたり続いてきた専制体制にピリオドをうちました。

　革命運動を指導した孫文は、民主的な近代国家の建設を目指すなかで、漢・満・蒙（モンゴル）・回（ウイグル）・蔵（チベット）の「五族共和」を唱えて、諸民族の民国への「統一」を訴えました。

　他方、モンゴルやチベットでは民族独立の動きが起きましたが、いずれも失敗に帰しました。

　また、孫文の後に中華民国大総統となった袁世凱は強権政治を進め、さらに1915年には共和制を廃止し、帝政を復活させ、自ら中華帝国大皇帝に即位しました。翌年、袁世凱が死去しても共和制は再建されず、1925年、孫文は臨終に際して「革命いまだならず。同志なおすべからく努力すべし（革命尚未成功。同志仍須努力）」と遺言したと伝えられています。

反右派闘争と「党の天下」（1）

　1956年、ソ連でフルシチョフがスターリン批判を始めると、5月2日、毛沢東は最高国務会議で「共産党への批判を歓迎する」と「百花斉放・百家争鳴（双百）」を提唱しました。「百花斉放」は無数の花が一斉に咲き誇るという文芸における自由化を指し、「百家争鳴」は春秋時代の諸子百家のように自由に論争でき

コラム②

ることを意味しました。その目的は中国の文芸の発展と社会主義文化の繁栄の促進とされました。

これを受けて学生、知識人、民主党派は様々な批判を出しました。だが、それは共産党指導部の真意が読めなかったためで、1957年6月、毛沢東は「反右派闘争」を発動し、これにより1958年半ばまでに約55万人が「右派」のレッテルを貼られ、迫害されました。

このような「反右派闘争」に対して儲安平は「党の天下」と指摘しました。彼は若き日に英国に留学して民主主義を学び、帰国後は上海で知識人の言論誌『観察』を創刊するなどジャーナリストとして活躍しました。彼は「中国の政局」と題する評論で「共産党の最も恐ろしい点は思想統制である」と認識していましたが、「しかし、共産党は『民主』の獲得をスローガンとしており、連合政府に参加すれば、必ずしも統制に傾斜するとは限らない」と考え、共産党による政治の民主化、軍の国家化（党軍ではなく国軍）に期待していました。これは多かれ少なかれリベラル知識人に共通していました。

「新中国」成立後、儲安平は新華書店副総経理、出版総署発行局副局長など歴任し、1957年4月には知識人向け日刊紙「光明日報」総編集（編集長）に就任しました。

同月、毛沢東は全党をあげて官僚主義・セクト主義・主観主義に反対し、「整風」を行うと提起しました。ちなみに「整」は中国語では「とっちめる」、「懲らしめる」という意味も含まれています。5月1日、「人民日報」は党中央の「整風運動に関する指示」を掲載し、党外に意見を述べ、「整風」を助けるよう求めました。こうして大いに発言し、論争せよとの「百花斉放・百家争鳴」、「大鳴大放」が鼓吹されました。これに呼応して提案や批判が次々に出され、それは次第に強まり、事実上の一党独裁体制や急激な農業集団化への異議が唱えられるようになりました。

ところが、これは「一時、騒ぎ立てさせ、行き着くところまで行かせる」ためでした。後になって、毛沢東は「毒蛇を穴から引き出すための陽謀（陰謀と表裏）」だったと語りました。実際、5月15日、毛沢東は「事態は変化しつつある」とする内部文書を通達しました。

37

しかし、6月1日、儲安平は共産党統一戦線部の会合で「毛主席と周総理への意見」として、「党が国家をリードすることは、国家を党の所有物とすることではない」と訴え、中国の政治体質は「党の天下」であるとずばり指摘し、それを翌日の「光明日報」に掲載しました。

反右派闘争と「党の天下」（2）

　6月8日、毛沢東は「人民日報」の「これは何を意味するか」という社説を通して「少数の右派分子が共産党の整風を助ける名目で、共産党と労働者、また社会主義を転覆させようとしている」と批判しました。これにより情勢は「双百」、「大鳴大放」から反右派闘争へと急旋回しました。

　6月14日、「人民日報」で「光明日報」と「文匯報」が批判され、儲安平、「政治設計院」を提唱した中国民主同盟（民盟）副主席で「光明日報」社長の章伯鈞、「平反委員会」を主張した民盟副主席の羅隆基たちが反右派闘争の標的として名指しで非難されました。儲安平は在任わずか70日で職を追われました。

　10月15日、党中央は「右派分子を決める基準」を通達し、1958年までに約55万人の「右派」とされた者が農村や辺境での労働改造（強制労働）などで迫害されました。死に至らしめられた者も多数いました。

　反右派闘争を徹底的に押し進めるため、共産党は労働改造を制度化し、また中等教育機関のカリキュラムに政治課を導入し、治安管理処罰条件や都市住民の居住と農民の都市への移動・移住を厳しく制限する戸籍登記条例を制定しました。このような統制強化はさらに「四清運動（帳簿・倉庫・財産・労働点数、及び政治・経済・組織・思想の四つを清める運動）」や「社会主義教育運動」と形態を変えて続けられ、文革に至りました。

　文革が勃発すると、儲安平は紅衛兵の暴行を受け、1966年のある暗夜に行方不明となりました。文革終息後、1978年4月、党は「反右派闘争自体に誤りはなかったが、それが拡大したことは問題であった」との公式見解を出し、まちがって「右派」と認定された者に対し正当な待遇をするように指示しました。9月

コラム ②

には政治的な名誉回復や、剥奪された党籍の回復などがなされ、1980年5月までに99％が回復されました。しかし、儲安平、章伯鈞、羅隆基たち91人の名誉回復は今でもなされていません。

　元北京大学教授の銭理群は、1957年に毛沢東が確立した政治経済体制は天安門事件後の権威主義的な経済的自由化において、外見は変わっても「党による専制」で本質は通底している認識し、それぞれ「五七体制」と「六四体制」と規定しています。

林昭——血をインクに転じて（1）

　林昭（本名は彭令昭で「昭」は中国初の女性歴史家の班昭に由る）は1932年に蘇州に生まれ、ミッション系の学校を卒業し、1949年に共産党系の蘇南新聞専科学校に入学し、修了後は農村工作隊で土地改革に積極的に参加し、国民党に仕えた父と一線を画すために「彭」を取り「林昭」と改名しました。

　1954年、北京大学文学部に入学し、翌年、文学の才能が評価され学生の主宰する『北大詩刊』、『紅楼』の編集に携わり、詩やエッセイを発表しましたが、いずれも廃刊となりました。その後、同人誌『広場』に「百家争鳴、百花斉放」を受けて社会主義の民主化を歌う現代詩「時が来た」などが掲載され、これが反右派闘争で非難されると、林昭は『広場』を支持しました。このため彼女も糾弾され、学業を禁じられ、翌年春に「右派分子」として労働改造三年の行政処分を下され、図書館で監視労働を科せられました。同年6月、北京大学新聞学専攻と中国人民大学新聞学専攻が合併したため、彼女は人民大学に移り、労働改造は新聞系資料室で続けられました。

　病気がちの林昭は1959年冬に喀血し、治療が許可され、母に付き添われて上海に帰りました。その頃、蘭州大学生たちと知りあい、『星火』というガリ版刷りの雑誌に「プロメテウス受難の一日」など自由律の詩を寄稿しました。しかし『星火』関係者は「反党反革命」で一網打尽となりました。

　それでは「プロメテウス受難の一日」はどのような詩でしょうか？　まずタイト

39

ルから述べると、Prometheus の漢語表記はいくつかありますが、林昭は「普洛米修士」を採用しました。中国語の「修士」には修行者、求道者の意味が含まれているからです。主神ゼウスに反抗し人類に火を与えて罰せられたプロメテウスの自己犠牲に人類救済のために十字架刑を受けたイエスを重ね合わせ、また「右派」として迫害された自分自身を込めています。次に詩句を取りあげていきましょう。

受難の先触れとなるアポロンは太陽神であり、「紅太陽」の現人神と崇拝された毛沢東を連想させます。そして主神ゼウスの禿鷹による残酷な刑罰が綴られる中で「麗しき朝よ、そなたはいつ／私にとって自由が輝くシンボルとなるのか」と問いかけます。次いで「プロメテウスは微笑み／ゼウスは愕然と困惑する」の詩句から転調し、両者の論争が始まります。そしてプロメテウスは「火は人類を解放に導く／もう無駄なお説教など止めよ……神族の統治はどれほど持ちこたえられるか／巷に満ちている怨嗟の声が聞こえないのか？／賎民の血涙が神々を溺れ死にさせる／オリンピアの宮殿は灰燼に帰す」と宣言するのです。

「プロメテウス受難の一日」第二節では「禿鷹があなたの内臓を喰らう／あなたの肉体は鉄鎖で縛りつけられているが／心魂は風よりも自由だ／あなたの意志は岩よりも堅強だ」と詠唱します。「心魂は風よりも自由だ」は「風は思いのままに吹く」（「ヨハネ福音書」三章八節）を想起させ、ギリシャ神話とキリスト教が見事に凝縮されています。

さらにプロメテウスはゼウスに「私は生命よりも自由をずっと愛す／だが、そのために代償を払わねばならないなら／私は永遠の拘禁を受け入れる」と表明します。プロメテウスを通した林昭の自由宣言です。

林昭——血をインクに転じて（2）

林昭はさらに「火の星」を謳歌します。

小さな火の星、

コラム②

　　微小な炎が千万億万の場を点火した。
　　光明よ、あなたの生命力はかくも旺盛だ。
　　燃えあがれ、炎よ、拘禁の中でも。
　　……
　　彼らに真理の教えを朗詠させよう。
　　血でしたためた詩篇を世々代々に伝えよう。

　「真理」は「ヨハネ福音書」八章三二節の「あなたたちは真理を知り、真理はあなたがたを自由にする」に通じ、「詩篇」や「種」も聖書では意味が深いです。さらに最後の審判を連想させる「最後の戦い」において勝利が詠われます。

　　人類よ！　私は歓喜してあなたの輝かしき
　　高貴な名前を呼ぶ。大地の子よ、
　　兄弟として心を込めて
　　呼びかける。人類よ、私はあなたを愛する。

　「歓喜」はベートーベンの第九交響曲の「歓喜の歌」を連想させ、その詩想はシラーの「朗らかに、創造主の星々が飛び回る如く／壮大な天空を駆け抜け／進め、兄弟よ、その行く道を／歓喜に満ちて、勝利に向かう英雄の如く！」と通じあいます。この闘いは「人類愛」の闘いで、非暴力であり、主旋律は人類へのオマージュ、人間讃歌です。
　林昭は獄中でも自由を求め、詩想／志操を貫きました。
　1968年4月28日、彼女は「青い磷光は滅ず、夜々霊台を照らす。心魂は留めて在り、残駆は劫火に付すとも。他日紅花発けば、血痕の班を認めん。嫣き紅花に倣い、従って渲染り難きを知らん」との五言律詩を詠じました。後半の4句は汪精衛が獄中で死を覚悟して詠じた詩句です。その夜、呼び出されると、林昭は悠然と同房の女囚に別れを告げました。
　29日深夜、上海龍華空港で彼女は秘密裏に銃殺されました（遠くから目撃された）。5月1日、老いた母のもとに処刑の銃弾の費用五分（1元の1／100）の請

求書が届けられました。

だが文革終息後、1979年、北京大学は林昭を右派分子と認定したことは誤りであったと発表しました。

このような林昭の凛烈な生と死は忘れられず、三十数年後、同窓生が資金を出しあい、2004年4月、故郷の蘇州霊岩山に林昭の「衣冠家（死者の衣服など遺物を埋葬した墓）」を建立しました。墓碑には「自由無価、生命有涯、寧為玉砕、以殉中華」と刻まれ、毎年、命日や清明節に当局の妨害を承知しながら追悼・慰霊しようと人々が墓前に向かいます。また、中国のインデペンデント映画監督の胡傑は「林昭の魂を探して」や「星火」により中国現代思想史の「失踪者」というべき林昭たちをすくい上げています。これらにより歴史の記憶は受け継がれ、林昭は不屈の自由の象徴的存在となっています。（より詳しくは『中国が世界を動かした「1968」』藤原書店の拙稿を参照）

文化大革命

「文化大革命」の正式名称は、1966年8月9日、中国共産党第8期第11回中央委員会全体会議で採択された「無産階級文化大革命に関する決定」によります。それは「魂に触れる革命」で「新段階の革命」とされました。

しかし文革の実状をみると、それは大躍進の失策により指導権を失った毛沢東が復権を画策し、紅衛兵に造反運動を煽動し、政敵を攻撃させ、失脚に追い込むためでした。その結果、政治抗争が激化し、各地で内乱が起き、大規模な虐殺の犠牲者は数千万から一億ともいわれてますが、正確な数字は今も不明です。

また、マルクス主義唯物論に基づき教会、寺院、宗教的文化財が破壊されました。この大混乱により経済は停滞し、教育では大学が10年間も機能を停止し、小中高校への影響も多大でした。

1976年、毛沢東の死後、文革はようやく終息しました。5年後の1981年1月の中国共産党11期6中全会で採択された「建国以来の党の若干の歴史問題についての決議（歴史決議）」では「指導者（毛沢東）が誤って発動し、反動集団

（四人組）に利用され、党、国家、各民族に大きな災厄である内乱をもたらした」と指摘しながらも、「一人の偉大なプロレタリア革命家が犯した誤り」であるとして、「革命事業に対する長期にわたる偉大な貢献」を讃えています。そのため責任追及は不十分で、さらに現在では文革はタブーとされ、研究どころか議論さえ困難な状況です。

　また、文革は国内に止まらず、世界に影響を及ぼしました。その中で、中国の実態から離れ、冷戦構造における米ソの二項対立を揺るがすもの、反帝国主義・反スターリン主義、あるいは西洋的近代化へのアンチテーゼとして受けとめる学生や知識人もいました。

　中国政府の発表に比べて事実を伝える情報が極めて少ない上に中国と漢字文化を共有するなど歴史地理的に親近性がある日本では学生運動において影響がありました。そのピーク時、「学生運動の天王山」と呼ばれた1969年1月の東大では、正門に「造反有理」が大きく書かれ、その上に毛沢東の肖像が掲げられたほどでした。

　このような文革に関して、1966年の文革発動から半世紀以上も経た今日、内外の様々な角度から史実に即して再検討しなければならないでしょう。

少数民族にとっての文革

　私は子どものころ「チベット人を農奴制から解放してくれた毛主席に感謝」という、中国では広く知られている歌を聞きながら育ちました。チベットの娘が解放軍兵士の軍服を洗濯してあげる情景を歌った「洗濯の歌」では、「翻身農奴」に扮して、色鮮やかな紙で作ったパンデン（前掛け）の衣装を身につけ、「誰が私たちを生まれ変わらせてくれたのか？／誰が私たちを解放してくれたのか？／同じ身内の解放軍だ／救いの星の共産党だ」と歌いながら踊った経験もあります。歌詞はさらに、チベット人を農奴制から解放し、自動車道や橋を建設し、裸麦の収穫や新しい家の建築を手伝ってくれた解放軍に感謝し、「私たちの生活は一変した／私たちは限りなく幸福だ／同じ身内の解放軍に感謝する」で終わります。

この「洗濯の歌」は、文革発動の2年前、1964年に発表され、広まりました。作曲者も作詞者もチベット人ではなく漢人ですが、全く知らずに、私たち子どもは教えられるままグループで踊りながら合唱しました。実際は「解放」前に6000以上もあった寺院が次から次へと押し寄せてきた「革命」でたった十数カ所だけになり、各地で抗議事件と武力鎮圧が続発したことなど、もちろん思いもよらないことでした。

　チベットはじめ少数民族の文革は政治的かつ民族的な二重のタブーとされています。この厳重に封印された歴史を、女流作家のツェリン・オーセルは父の遺した記録写真と、それを手がかりに収集した70人以上の証言に基づき2006年に『殺劫―チベットの文化大革命―』（集広舎）で明らかにしました。

　オーセルはチベット語で「革命（サルジェ）」は音韻的に近い「殺劫（シャアジェ）」であり、これに「万劫不復」の災厄を象徴させています。さらに「文化大革命」がチベット高原に押し寄せてきました。そしてチベット語の「文化」は「リンネー」で、漢語の「人類（レンレイ）」と近似しており、このため文化大革命は、漢語とチベット語を重ね合わせると、チベット人にとって「大」なる「人類」の「殺劫」となります。実際、それは被害や犠牲の実態と合致し、また今日でもその痛ましい記憶を喚起しています。

　また、内モンゴルの文革については、中国政府の公式見解は自治区全人口1300万人のうち約34万6000人が「反革命」などの罪を着せられ、うち2万7900人が虐殺され、12万人に拷問やリンチで障害が残ったとされています。しかし、実際は連座で家族全員が巻き込まれ、まさに全モンゴル民族に対するジェノサイド、人道に反する犯罪となりました。このことことを、文化人類学者の楊海英は膨大な資料やフィールドワークに基づいて詳述しています。

　その理由として「反革命」に加えて遊牧民への中原の農耕民の蔑視や日本と協力した過去を分離主義と危険視したことなどが挙げられています。さらに内モンゴル自治区は平らな草原で、ソ連が国境を越えて北京まで一気に短時間で攻め入ってくるという地政学的な危険もあり、これが文革に拍車をかけました。

コラム②

天安門民主運動と「六・四」

　文革後の「改革開放」政策の進展を通して民主化の要求も高まりました。しかし、改革派の指導者であった胡耀邦総書記は、1987年1月、辞任を余儀なくされました。それでも後任にはやはり改革派の趙紫陽が選ばれ、期待されました。

　1989年4月15日、胡耀邦が急逝し、追悼集会を契機に学生を中心とした民主化要求が高まり、全国に広がりました。当初は胡耀邦の再評価だけでしたが、次第に言論の自由の保障などを求める民主運動へと発展し、天安門広場に集結した学生は座り込みを続けるようになりました。

　しかし、鄧小平たちは政治的安定を理由に要求を拒否、共産党機関紙「人民日報」は民主運動を「動乱」であると報道しました。これに学生や市民は反発し、運動は一気に全国的に拡大しました。

　天安門広場の学生たちは「対話」による民主化の実現を求め、また共産党内でも趙紫陽たち改革派は「対話」による解決をはかろうとしましたが、鄧小平や李鵬たち保守派は強硬に対処すべきと主張しました。内部の亀裂とは裏腹に、共産党当局は事実上、学生との「対話」を拒否し続けました。結局、5月19日未明、趙紫陽は天安門広場の学生たちの前に現れ、「我々は来るのが遅すぎた。申し訳ない」と声を詰まらせながらハンストの中止を呼びかけた直後に失脚しました。

　20日未明、北京市に戒厳令が敷かれ、人民解放軍が進駐しました。そして、6月3日深夜から軍は発砲を開始し、4日未明、本格的に武力を行使しました。

　事件後、当局は死者319名と発表しましたが、調査は厳重に禁じられ、事件そのものがタブーとされています。しかし、犠牲者の遺族による「天安門の母たち」（後述）は困難な中でも独自に調査を進め、212名の犠牲者まで判明しました。ただし、それは一部で、今でも全体像は不明です。

　他方、共産党は武力鎮圧の理由として「政治動乱」から「反革命暴乱」へと表現をエスカレートさせましたが、その後は「1989年の春と夏が交わる際の政治風波」と表現を曖昧に変えました。

　このように「六・四」により中国の改革は頓挫したと言えます。確かに、1992

45

年の鄧小平による「南巡講話」以後、「改革開放」は加速され、市場経済化が進められましたが、事実上の一党独裁体制はそのままで、民主化を抑えた開発独裁と見なすことができるでしょう。

その上で、注目すべき意義として5点あげましょう。第一は、憲法に謳われた諸権利を明記されたとおりに認めよと要求したことで、これは近代市民社会の基盤である憲政・法治の覚醒です。第二は、学生や市民が自立的な組織を自主的に公開してつくり、一定期間それを維持したことで、やはり近代市民的な自治意識の形成と言えます。

第三は、民主運動において基本的に非暴力の平和主義が貫徹されたことです。

第四に、天安門民主運動は抑え込まれ、さらに統制が強まり厳しい「冬の時代」になりましたが、その時に蒔かれた種は後の「新公民運動」(後述)などとして芽生えました。それは自由権から社会権への権利意識の発展として捉えることができます。第五に、天安門民主運動は流血で終止符を打たれましたが、それを教訓として、ソ連東欧の社会主義体制は武力行使を控えたため、ベルリンの壁の崩壊が平和裡に進んだと見ることもできます。

暴力で抑えつけることは一時的で、いつまでも続けることはできません。振り返れば、1980年代に入ると知識人や学生は主として自由権を求めるようになりました。それが民主化への要求となり、共産党内の胡耀邦をはじめとする改革派の支持を得て、さらに官僚の汚職腐敗の追及をテコに労働者、農民、地域住民の社会権の要求と結びつきました。

こうして天安門民主運動は政治体制を根本から揺るがすようになったのです。確かに武力鎮圧されましたが、環境破壊、格差拡大、失業、強制立ち退き、汚職腐敗などの批判において自由権とともに社会権への要求はむしろ広がりを呈しています。天安門民主運動は、その種まきをしたということもできます。それはいつか花開くことでしょう。巨視的に見れば、長い歴史のプロセスにおける発展のための必要で必然と評価されるでしょう。

コラム②

「天安門の母たち」

　「天安門の母たち」は元大学教員の丁子霖が創設した「六・四」天安門事件で我が子や愛する者を失った遺族のグループです。政府に対して、独立した調査機関の設置、事件の徹底的で公正な調査による真相究明、関係者の責任の追及、遺族への賠償を訴えてきました。

　「天安門の母たち」は極めて困難な中で犠牲者の遺族を一軒一軒探して訪ね、証言を聞き取り、200人以上の犠牲者や70人以上の負傷者の名簿を作成してきました。政府に対しては合法的な人権擁護活動だと認めるように求め続けていますが、嫌がらせ、差別、不当な監視、拘束、軟禁などを受け続けています。

　2011年8月1日、私は友人と丁子霖さんの自宅を訪問しました。室内の壁には銃弾に斃れた息子・蒋捷連君の遺影がかけられていました。彼は17歳の高校生でした。

　劉暁波は天安門事件二周年の追悼詩「十七歳へ」で「君は親の制止をふりきって、家のトイレの小さな窓から飛びだした。旗を差しあげたまま倒れたときは、まだ十七歳だった。ところがぼくは生きのびて、もう三六歳だ。亡き君の霊に顔を向けて生きるのは罪深く、さらに君に詩をささげるのは恥ずかしい。生者は口をつぐみ、墓の訴えに耳を傾けるべきだ。君に詩をささげる資格など、ぼくにはない。君の十七歳はすべての言葉と人が作ったものを超越している」と詠じています。

　「天安門の母たち」は、理性的に穏やかに根気強く活動を進め、民間の人権擁護運動の先駆と言われています。平和的に秩序を保ちつつ中国を変えて公民社会へと転換する公民運動のでも先進的です。

　劉暁波は2002年から「天安門の母たち」のノーベル平和賞受賞のために尽力し、国際的に著名な中国研究者に推薦の共同署名を呼びかけていました。彼は2008年に拘束されましたが、獄中で自分自身のノーベル平和賞受賞を聞いたとき「賞は天安門事件の犠牲者の霊と天安門の母たちのものだ」と語りました。

公民社会と新公民運動

　2011年に東日本大震災が起き、それをきっかけに「プレートテクトニクス」という言葉が知られるようになりました。地球の表面はいくつかの「プレート（固い岩盤）」で覆われ、それは巨大なマグマやマントルの対流に乗って長い時間をかけて少しずつ動き、プレートどうしがぶつかったり、離れたりします。その過程でプレート間にひずみが強まり、巨大な力が蓄えられ、それが一気に放出されるとき、地震が起きます。瞬間的で急激な地殻変動です。

　中国の状況を見ると、これを連想させられます。中国は歴史のマグマに乗って構造変動を続けていると言うこともできるでしょう。つまり「公民社会」を目指す「新公民運動」という新しい「プレート」ができました。それは中国社会の深部で動いている様々な「プレート」の中で生まれ、古い「プレート」とぶつかりました。2003年は「民間維権元年」と呼ばれました。その年の3月に起きた孫志剛事件がきっかけとなりました。広東省広州市で働いていた湖北省出身の孫志剛は、夜に散歩していたところ、いわゆる「三無（定まった住所・職業・身分証の無い）」と称されるホームレスとまちがえられて収容所に入れられ、そこで暴行されて死亡しました。この痛ましい事件に対してインターネットで抗議の声が高まり、メディアも報道するようになり、強制収容に関する法律の廃止が実現されました。そこで重要な役割を果たしたのが法学者の許志永、滕彪、兪江で、彼らは連名で全人代常務委員会に、農村から都市に流入したホームレスを強制的に収容・送還する「都市浮浪乞食収容送還法」の廃止を求める公開意見書を提出し、それを実現させました。この公開意見書は「三博士上書」と呼ばれました。

　その後、許志永たちは民間公益組織「公盟」を創設し、社会的弱者の権利擁護や法的支援を展開し、教育を受ける権利の平等、戸籍制度による差別の撤廃、政府高官の資産公開などを呼びかけました。投獄、勾留、軟禁などにも関わらず、「自由、公義、愛」を理念に掲げた「新公民運動」を進めました。「飯酔」という食事会で身近な社会問題を議論し、またインターネット空間の緩やかなネットワークを活用して、新たなスタイルの「公民運動」だと広く注目されました。

　それには組織や規則などなく、中心的な指導者もいません。権利意識を行動

で示そうとする公民が自発的かつ理性的に進める社会運動です。それは漸進的であり、言わば民主化のための環境改善「土づくり」でした。

ところが、許志永は2013年7月に「公共秩序騒乱」容疑で拘束さました（12月に起訴、翌年1月に懲役4年の実刑判決）。「新公民運動」は憲法に則り、その枠内で改革を求めただけで、決して体制を変えようというのではありませんが、それさえ容認されなかったのです。ネット（サイバー）空間とリアル（フィジカル）空間の動きが長いスパンで見ると相乗効果を発揮して草の根のエネルギーが強まり、社会の構造変動が起きるのを恐れたのかもしれません。

まだまだ中国の公民社会への道のりは遠く険しく、迂路を回するような気の長い粘り強い努力が求められるでしょう。

「民間」

なまじ日本と中国で同じ漢字を使っているためまぎらわしいのですが、中国語の文脈おける「民間」の持つ意味合いの理解は重要です。つまり、日本語の「民間」は単に「官公や政府ではない」ことを指し、それ以上の政治的な意味はありません。ところが、一党が国家権力を独占する中国では、「民間」はそれに対抗する意味合いが生じます。

そのため、中国では「民間」に独特の緊張感が伴います。例えば「民間」における権利擁護運動は官権への挑戦が含意されます。自由な言論を求めて、タブーを破り真実を語ることは、「官話」、国家の言説、さらには言論弾圧への抗議になります。「民間」の経済基盤の確保は、国有企業中心の経済の改革につながります。公民権運動は市民的不服従につながります。

劉暁波は「自由な中国は民間にあり」と提起し、「民間レベルにおいて権利や自由の意識が覚醒したとき、中国の変革を推し進めることができる。その根本的な希望は、政府ではなく、民間にある。体制外の立場を堅持し、独立して主張を根気よく続けることで、民間を組織し、圧力として凝集できる。体制内に生まれている変化を最良の圧力にすれば、官と民の間で良好に相互作用する最善

の方法を得ることができる」と述べています。

「社区」とコミュニティ

　30年ほど前では、一般の中国人は「社区」という中国語の存在さえ知らなかったでしょう。その代わりに「単位」は誰もが知っていました。これは日本語の計算上の"単位"や高校大学で用いられる学科履修基準の"単位"と異なり、行政機関、軍隊、学校、企業、団体の事業所、部門、職場などを指します。一人一人はそこで仕事をするだけでありません。「単位」は住居、教育、福祉、医療など都市住民の生活全般と密接に関わっているのです。みな「単位」に所属しなければ各種サービスは受けられず、そのため統治のシステムとして機能することになります。

　改革開放以降、「単位」の社会的および政治的な機能は弱まり、そのうちの社会的機能は「社区」に移行してきました。

　「社区」の英語訳はcommunity ですが、中国では準行政機関である居民委員会や街道弁事所の管理区域も指しています。1990年代から出稼ぎ労働者（農民工）が都市に流入し、非国営の経済組織が現れるとともに都市の社会構造が変化しました。政府は「社区建設」を通して都市の基層社会の管理を強化しようとしました。これはトップダウン方式で、コミュニティに本来あるボトムアップとは異なります。

　中国の研究には、「社区」は行政型で、都市開発による大規模分譲団地・住宅街を意味する「小区」は契約型であるという区分もあります。この「小区」において、住民自治のあり方、コミュニティ・ベースの自発的活動、個人の権利擁護（維権）、統治のための安定維持（維穏）との交渉、社会的弱者への支援などが進められているとも言われています。

コラム②

「維権」と「群体（性）事件」(1)

　「維権」は1990年代半ばからメディアで盛んに登場するようになりました。「天安門の母たち」は民間の「維権」の創始者と言われています。

　市場経済の競争が激化し、格差が拡大する中で、平等、公正、公義への要求や権利意識は強まり、民衆は個人の生活基盤や社会的弱者の生存を保障する共同の権益を法律に則り守ろうとするようになりました。その方法としては、行政訴訟、行政不服申し立てから集団抗議活動まであります。人権派弁護士（権利擁護弁護士）は、2008年のメラミン混入「毒ミルク」事件の被害者、土地を奪われて移住を強制された者、行政改革に取り組む者たち等々を、法的知識の提供や介入など様々なかたちで支援しています。

　しかし、当局は対応するどころか、安定維持（維穏）のためと取締りを強め、2015年7月9日には人権派弁護士とその支持者を多数一斉に検挙しました（709事件と呼ばれています）。「維権」は「群体（性）事件」という群衆の突発事件が頻発し、さらに激化する中で、あくまでも法に則り理性的に非暴力で改革しようとしているのですが、全て「維穏」で一括されるところがあります。

　そのため却って、インターネットで情報が迅速に拡散し、不平不満が刺激されながら広がり、集団抗議活動が急増し、さらにデモ、ストライキ、バリケード、座り込みなどが過激になっています。道路を封鎖し、車を破壊し、放火するなどの集団性突発事件まで起きています。「維穏」では、不平不満の原因は解決されずに、ただ「公共秩序の攪乱」や「国家政権転覆煽動」と決めつけて抑えつけるだけなので、上からの力と下からの力がせめぎあい、矛盾が深刻化するばかりです。

　これに対して、「維権」は暴力に走らず、個人の権利意識に浸透し、自発的な政治参加により公民社会を形成しようとしています。それはまたグローバリゼーション、情報化、価値の多様化が進行する中で「維穏」により困難になる民主運動における現実路線の柱であるとも言われています。

51

「維権」と「群体（性）事件」(2)

　従来から官憲の人権侵害に憤激して多くの人々が集まり事件が起きることはありました。これに性急な「現代化」に伴う土地の強制収用や住居の取り壊し、また賃金未払いなどによる労働争議、環境汚染や健康被害の抗議や陳情などが加重され、「群体（性）事件」が急増し、2011年には18万件にのぼりました。それ以後、発生件数は発表されなくなりましたが、増加は続いていると見られています。中国社会科学院の于建嶸によれば、権利擁護抗争（主要タイプ）、社会的紛糾、組織的犯罪、社会的「泄憤（憤懣の発散・うっぷん晴らし）」の四つに類型化されます。

　格差が拡大する中で社会の底辺において失業者、低賃金の出稼ぎ、失地農民、再開発による強制立ち退きの住民、下層知識人、退役軍人、退職幹部などが「弱勢群体」を形成するようになっています。しばしば、請願、デモ、ストライキ、座り込み、生産妨害、「集体上訪（集団直訴）」を行い、阻止する治安当局との間で「群体（性）事件」が起こります。

　当局の対応への不満が導火線になる時もあります。2008年6月、貴州省甕安県で女子学生が死亡し、警察は自殺と断定しましたが、遺族は他殺と主張しました。犯人は役人の親戚で、警察はかばっていると抗議すると、あっという間に数万人が集まり、暴徒化して警察署やパトカーを壊し、火を放ちました。これはほんの一例で、"維穏（治安維持）"関係予算は国防予算を超えるほどになりました。このように統制強化と裏腹に「群体（性）事件」が深刻化しており、政府の統治能力が問われています。

コラム②

劉暁波氏、ノーベル賞受賞。受賞者不在の授賞式。

零八宪章 Líng bā xiànzhāng 第三講

Èrshí shìjì hòuqī de gǎigé-kāifàng shǐ Zhōngguó bǎituōle Máo-
二十 世纪 后期 的 "改革开放", 使 中国 摆脱了 毛

Zédōng shídài de pǔbiàn pínkùn hé juéduì jíquán mínjiān cáifù hé
泽东 时代 的 普遍 贫困 和 绝对 极权, 民间 财富 和

mínzhòng shēnghuó shuǐpíng yǒule dà fúdù tígāo gèrén de jīngjì
民众 生活 水平 有了 大 幅度 提高, 个人 的 经济

zìyóu hé shèhuì quánlì dédào bùfen huīfù gōngmín shèhuì kāishǐ
自由 和 社会 权利 得到 部分 恢复, 公民 社会 开始

shēngzhǎng mínjiān duì rénquán hé zhèngzhì zìyóu de hūshēng rìyì
生长, 民间 对 人权 和 政治 自由 的 呼声 日益

gāozhǎng
高涨。

Zhízhèngzhě yě zài jìnxíng zǒuxiàng shìchánghuà hé sīyǒuhuà de jīngjì
执政者 也 在 进行 走向 市场化 和 私有化 的 经济

gǎigé de tóngshí kāishǐle cóng jùjué rénquán dào zhújiàn chéngrèn rénquán
改革 的 同时, 开始了 从 拒绝 人权 到 逐渐 承认 人权

de zhuǎnbiàn Zhōngguó Zhèngfǔ yú yī jiǔ jiǔ qī nián yī jiǔ jiǔ bā nián
的 转变。 中国 政府 于 1997 年、 1998 年

fēnbié qiānshǔle liǎng ge zhòngyào de guójì rénquán gōngyuē Quánguó
分别 签署了 两 个 重要 的 国际 人权 公约, 全国

Réndà yú èr líng líng sì nián tōngguò xiūxiàn bǎ zūnzhòng hé bǎozhàng
人大 于 2004 年 通过 修宪 把 "尊重 和 保障

rénquán xiějìn xiànfǎ jīnnián yòu chéngnuò zhìdìng hé tuīxíng Guójiā
人权" 写进 宪法, 今年 又 承诺 制订 和 推行 《国家

rénquán xíngdòng jìhuà Dànshì zhèxiē zhèngzhì jìnbù qìjīn-wéizhǐ
人权 行动 计划》。 但是, 这些 政治 进步 迄今 为止

dàduō tíngliú zài zhǐmiàn shang yǒu fǎlǜ ér wú fǎzhì yǒu xiànfǎ ér
大多 停留 在 纸面 上; 有 法律 而 无 法治, 有 宪法 而

wú xiànzhèng réngrán shì yǒumù-gòngdǔ de zhèngzhì xiànshí
无 宪政, 仍然 是 有目共睹 的 政治 现实。

Zhízhèng jítuán jìxù jiānchí wéixì wēiquán tǒngzhì páijù zhèngzhì
执政 集团 继续 坚持 维系 威权 统治, 排拒 政治

变革，由此 导致 官场 腐败，法治 难立，人权 不 彰，道德 沦丧，社会 两极 分化、经济 畸形 发展、自然 环境和 人文 环境 遭到 双重 破坏，公民 的自由、财产和 追求 幸福 的 权利 得不到 制度化 的 保障，各 种 社会矛盾 不断 积累，不满 情绪 持续 高涨，特别 是 官民对立 激化和 群体 事件 激增， 正在 显示着 灾难性 的失控 趋势，现行 体制 的 落伍 已经 到了 非改不可 的 地步。

文法のポイント

〔1〕民间对人权和政治自由的呼声日益高涨。

　介詞（前置詞）の"对"は、「～に、～に対して、～について」という意味で使います。ここでは、直訳すれば「人権と政治的自由に対する要求」ですが、「人権と政治的自由への要求」と訳しましょう。

〔2〕从拒绝人权到逐渐承认人权的转变

　中国語に「テ、ニ、ヲ、ハ」はありませんが、英語の前置詞に似た介詞があります。介詞は目的語と組み合わされて「介詞フレーズ」をつくり、場所、時間、原因、対象などを示します。"从"は出発点を表し「……から」の意味になります。"到"は「……まで」という到達点を表します。

〔3〕中国政府于1997年、1998年分别签署了两个重要的国际人权公约，全国人大于2004年通过修宪把"尊重和保障人权"写进宪法

　書き言葉でよく使われる"于"は、時間や場所を表す語句の前に置いて「～に、～で」と訳します。ここでは、西暦の前に2回繰り返して使われています。

　第二講で述べた動詞の後に"于"のつく形と区別してください。

〔4〕把"尊重和保障人权"写进宪法

　"把 (bǎ)"構文で、目的語を動詞の前に置き、「……を（……する）」を意味します。その条件としては、a. 目的語は既知のもの、b. 動詞は単独では使えず、補語や動態助詞など補足成分が必要です。

　「"人権の尊重と保障"を憲法に書き入れる」と、目的語の"人権の尊重と保障"が論点にされています。

〔5〕有法律而无法治，有宪法而无宪政，

　"有～而无"は「～は（が）あっても、～はない」という書き言葉で使われるフ

レーズです。"无"は「無」の簡体字です。"有"と"无"の後には、それぞれ二文字の単語が続いているので、リズムよく発音してください。

〔6〕正在显示着灾难性的失控趋势

「正在……着」は「ちょうど……している。まさに……している」を意味します。

動作が進行中、状態が持続中であることを表します。「正在」は進行相、「着」は持続相で、相性がよく、さらに「正……着……呢」と文を包み込むことができます。

她正在打着电话呢（彼女はちょうど電話をかけているところです）。

> 語句

語句	訳・解説
后期	後期。
摆脱	抜け出す。脱却する。
财富	富。財産。
民众	民衆。
水平	水準。レベル。
幅度	幅。ものごとの変動の差。
提高	引き上げる。高める。向上させる。 対義語は降低（jiàngdī）で、下げる。下がる。
个人	個人（の）。
得到	得る。手に入れる。
恢复	回復する。立ち直る。
生长	成長する。大きく伸びる。
开始	始まる。始める。
呼声	（大衆の）要望。要求。
日益	日増しに。日に日に。一日一日と。
高涨	（意気が）高揚する。（運動が）発展する。
进行	（持続的な活動を）行う。進める。 動詞を目的語にとることができます。进行调查（調査を行う）。
走向	……に向かう。……に向かって進む。

語句	訳・解説
逐渐	次第に。だんだんと。ゆっくりと少しずつ変化することを表します。
承认	承認する
转变	転換する。変わる。変える。
分别	それぞれ。
两	二つの。"两"は数詞で、後に量詞を伴えます。
国际人权 公约	国際人権規約（先述）。
人大	全国人民代表大会（Quánguó Rénmín dàibiǎo dàhuì）の略称。 日本語での略称は「全代」。
通过	……を通じて。
修宪	憲法を改正する。
写进	書き入れる。
承诺	承諾する。
制订	（計画や法令などを）制定する。
推行	押し広める。普及させる。
国家人权 行动计划	国家人権行動計画。
但是	しかし。けれども。
这些	これら。
进步	進歩。
迄今	今まで。これまで。
为止	……までに。……までも区切りとする。
大多	大部分。ほぼ。
停留	止まる。停留する。
仍然	依然として。相変わらず。
有目共睹	誰の目にもはっきりしている。衆目の認めるところである。
维系	繋がりを保つ。連携を維持する。
排拒	拒絶する。排斥する。
由此	これにより。このことから。
导致	（悪い結果を）引き起こす。招く。導く。
官场	官界。官吏の社会。清末から中華人民共和国成立以前で、その虚偽・欺瞞・迎合・足の引っ張り合いなどの旧弊が含意されています。
腐败	腐敗。

零八宪章 Líng bā xiànzhāng 第三講

語句	訳・解説
难立	打ち立て難い。制定しにくい。
彰	明らかである。
沦丧	喪失する。消えてなくなる。
两极	両極端。二つの対立。
畸形	不均衡である。いびつな。
遭到	……の目にあう。
双重	二重の。抽象的な事物に用いられることが多いです。
破坏	破壊する。
各种	各種の。様々な。
不断	不断に。絶え間なく。
积累	累積する。積み重ねる。
情绪	意欲。気分。感情。
特别	特に。とりわけ。
群体事件	群衆の突発事件。
显示	はっきりと示す。明らかにする。
失控	制御できなくなる。
趋势	趨勢。形勢。
落伍	落伍する。（喩）時代遅れになる。
非改不可	是非とも改めねばならない。 「非……不可」の文型で、「是非とも……でなければならない」を意味します。
地步	（主に悪い）状況。事態。 「事情到了不可收拾的地步（収拾がつかない事態になった）」

ミニ解説

改革开放　改革開放

　改革開放は、鄧小平の指導下で、1978年12月に開催された中国共産党第11期中央委員会第3回全体会議で提出された政策です。毛沢東時代の政治優先、継続革命重視から経済建設へと路線が転換し、「四つの現代化」が提唱され、市場経済化が推し進められました。（ミニ解説「現代化」参照）

ドリル
3

問題 1 本文に基づいて中国語で質問に答えましょう。

❶ 中国的 "改革开放" 从什么时候开始?

答：_____

❷ 2004年修宪法时, 把什么写进了宪法?

答：_____

問題 2 次の文には誤りがあります（一文に一つ）。正しく書き改め、音読し、意味を確認しましょう。

❶ 星期六和星期天, 我对下午五点到九点在餐馆打工。

答：_____

❷ 我将从2020年大学毕业。

答：_____

❸ 我到学汉语很感兴趣, 但是拼音有点儿难。

答：_____

60

零八宪章 Líng bā xiànzhāng 第三講

問題 3 次の文を中国語に訳し、声に出して覚えましょう。(新出単語は自分で調べましょう)

❶ 父さんはこのことをまったく忘れてしまった。("把" 構文で)

答：＿＿＿＿＿＿＿＿＿＿＿＿＿＿＿＿＿＿＿＿＿＿＿＿＿＿＿

❷ ごみを公園に捨てないでください。("把" 構文で)

答：＿＿＿＿＿＿＿＿＿＿＿＿＿＿＿＿＿＿＿＿＿＿＿＿＿＿＿

❸ 君が入って来たとき、私はちょうどスマホで電話をかけていました。("正在……着" で)

答：＿＿＿＿＿＿＿＿＿＿＿＿＿＿＿＿＿＿＿＿＿＿＿＿＿＿＿

コラム
③

全人代と政協（両会）

「全人代（全国人民代表大会）」は憲法で「最高国家権力機関」と位置づけられ、各省、直轄市、自治区、解放軍などから選出された約3000人の代表により構成されます（任期は5年）。1954年に制定された中華人民共和国憲法（1954年憲法）に基づいて設立されました。立法や指導者選出の機関としては、日本の国会に相当しますが、行政の機能も持ち、また事実上の共産党一党体制下の機関なので同じではありません。これまで共産党の路線とは根本的に意見を異にする代表が選出されたことはありません。大会主席団、全人代常務委員会、国務院などが提出した議案や予算を審議し、票決では反対や棄権が出ることもありましたが、否決となった例はありません。

全人代に先立ち、1949年9月21日、中国人民政治協商会議（政協）第一期全体会議が開催され、中央人民政府組織法、臨時憲法の「共同綱領」、国旗、国章、首都が決められました。閉会の翌日、10月1日、中華人民共和国が正式に成立しました。

ただし、政協は国家機関ではなく共産党と「民主党派」や諸団体で構成される「統一戦線」組織で、政府の方針を審議し、提案を出すなど行いますが、法的な権限はありません。この「統一戦線」とは共産党が革命を達成するために他党派や組織と統一して戦うということです。

全人代と政協の全体会議はともに毎年3月、北京の人民大会堂で開かれ、「両会」と呼ばれます。

劉暁波氏
(2007年3月27日、北京・万聖書園、劉燕子撮影)

零八宪章　Líng bā xiànzhāng　**第四講**

Wǒmen de jīběn lǐniàn
二、我们 的 基本 理念

Dāng cǐ juédìng Zhōngguó wèilái mìngyùn de lìshǐ guāntóu yǒu
当 此 决定 中国 未来 命运 的 历史 关头，有

bìyào fǎnsī bǎinián lái de xiàndàihuà lìchéng chóngshēn rúxià jīběn lǐniàn
必要 反思 百年 来 的 现代化 历程， 重申 如下 基本 理念：

Zìyóu Zìyóu shì pǔshì jiàzhí de héxīn zhī suǒzài Yánlùn chūbǎn
自由：自由 是 普世 价值 的 核心 之 所在。 言论、 出版、

xìnyǎng jíhuì jiéshè qiānxǐ bàgōng hé yóuxíng shìwēi děng quánlì dōu
信仰、 集会、结社、迁徙、罢工 和 游行 示威 等 权利 都

shì zìyóu de jùtǐ tǐxiàn Zìyóu bù chāng zé wú xiàndài wénmíng kěyán
是 自由 的 具体 体现。自由 不 昌， 则 无 现代 文明 可言。

Rénquán Rénquán bú shì guójiā de cìyǔ érshì měi ge rén yǔshēng-jùlái
人权：人权 不 是 国家 的 赐予，而是 每 个 人 与生俱来

jiù xiǎngyǒu de quánlì Bǎozhàng rénquán jìshì zhèngfǔ de shǒuyào mùbiāo
就 享有 的 权利。 保障 人权，既是 政府 的 首要 目标

hé gōnggòng quánlì héfǎxìng de jīchǔ yě shì yǐrén-wéiběn de nèizài
和 公共 权力 合法性 的 基础， 也 是 "以人为本" 的 内在

yāoqiú Zhōngguó de lìcì zhèngzhì zāinàn dōu yǔ zhízhèng dāngjú duì
要求。 中国 的 历次 政治 灾难 都 与 执政 当局 对

rénquán de wúshì Mìqiè xiāngguān Rén shì guójiā de zhǔtǐ guójiā fúwù
人权 的 无视 密切 相关。 人 是 国家 的 主体, 国家 服务

yú rénmín zhèngfǔ wèi rénmín ér cúnzài
于 人民, 政府 为 人民 而 存在。

Píngděng Měi yí ge gètǐ de rén búlùn shèhuì dìwèi zhíyè xìngbié
平等： 每 一 个 个体 的 人, 不论 社会 地位、 职业、 性别、

jīngjì zhuàngkuàng zhǒngzú fūsè zōngjiào huò zhèngzhì xìnyǎng qí réngé
经济 状况、 种族、肤色、宗教 或 政治 信仰、其 人格、

zūnyán zìyóu dōu shì píngděng de Bìxū luòshí fǎlǜ miànqián rénrén
尊严、 自由 都 是 平等 的。 必须 落实 法律 面前 人人

píngděng de yuánzé luòshí gōngmín de shèhuì jīngjì wénhuà zhèngzhì
平等 的 原则，落实 公民 的 社会、经济、文化、 政治

quánlì píngděng de yuánzé
权利 平等 的 原则。

文法のポイント

〔1〕 人权不是国家的赐予，而是每个人与生俱来就享有的权利。

　　“不是〜，而是…” は「〜ではなくて、…である」というフレーズです。よく似ている表現で“不是〜就是…” もありますが、こちらは「〜でなければ…だ、〜か…かのいずれかだ」という意味になるので混同しないように気を付けてください。

〔2〕 保障人权，既是政府的首要目标和公共权力合法性的基础，也是“以人为本”的内在要求。

　　“既是〜” は「〜であるからには、〜である以上」という意味です。ここでは“既是” の後に長いフレーズが続いていますが、「政府の最も重要な目標であり、公権力の合法性の基礎であるからには、『人を以て本となす』の内在要求である」という意味で、前後の関係を表しています。

〔3〕 每一个个体的人，不论社会地位、职业、性别、经济状况、种族、肤色、宗教或政治　信仰、其人格、尊严、自由都是平等的。

　　接続詞の“不论” は、「たとえ〜であろうとも」という意味で、後に置く“都” や“也” と呼応します。ここでは、「地位、职业、性别」など並列関係で具体的な例が多く挙げられていますが、最後に「都是平等的」と述べています。

〔4〕 自由都是平等的。

　　“是……的” 構文の一つで、ある動作が既に実現していることは、尋ねる方も、答える方も承知しており、その上で動作や行為の時間、場所、方式、目的、性質などを特に強調します。主語の後に“是”、文末に“的” を置き、肯定文では“是” が省略されることもあります。

零八宪章 Líng bā xiànzhāng 第四講

語句

語句	訳・解説
当	……に。……で。出来事が起きる時、場を表します。 当我回来的时候，他已经走了（ぼくが帰ってきたとき、彼はもう行ってしまった）。
此	この。これ。
命运	運命。
关头	極めて重要な時機。瀬戸際。
反思	顧みる。反省する。 反省（fǎnxǐng）は誤りを反省することで、反思は過去を客観的に考え直すという意味で使われます。
重申	重ねて言明する。
如下	以下の。
之	……の。 所有や修飾などを表します。赤子之心（赤ちゃんの〔ように純な〕心）。
所在	……のあるところ。……のよってくるところ。 问题的关键所在（問題のキーポイント）。
迁徙	移動。移転。
罢工	ストライキ。罷業。
游行	デモ行進。
体现	（具体的に）表す。
昌	盛んになる。栄える。
则	……すれば。……ならば。 条件・結果の関係を表します。欲速则不达（急げばかえって失敗する。急がば回れ）。
可	……する価値がある。多くは可＋動詞で用いられる。
赐予	賜与する。賦与する。
每个人	每＋数詞＋量詞で「全て」を意味する。
与生俱来	生まれながらにして有する。
就	すぐ。じきに。
享有	（権利、名誉などを）享受している。有している。
既是	……であるからには。……である以上。

67

語句	訳・解説
首要	最も重要な。主要な。
目标	目標。
也	……も。二つのことがらが同じであることを表す。
历次	これまで幾度も。
无视	無視。ないがしろにすること。
相关	関連する。
服务	奉仕する。サービスをする。
于	……に。……に対して。 本来は書き言葉で使われることが多い介詞ですが、現代の書き言葉でも広く頻繁に使われます。多くは動詞や形容詞の後に置かれます。
为	……のために。
个体	個体。個人。
职业	職業。
种族	人種。種族。
肤色	肌の色。
或	あるいは。
其	その。
落实	着実に行う。履行する。
面前	……の前で。(向かい合う近くを意味します)
人人	あらゆる人々。誰でもみな。

ミニ解説

以人为本　人を以て本となす

　「以人为本」は、2003年、胡錦濤政権が打ち出した基本路線を表すスローガンとして用いられました。「人」は人民大衆で、「本」はその根本利益を指します。「党の天下」ではなく、「人間」を基本とするという意味で、中国共産党の路線において極めて重大な転換であり、文革期の「階級闘争を要とする」から抜け出した、新たな世代としての清新さをアピールしたなどの見解が出されました。

零八宪章 Líng bā xiànzhāng 第四講

ドリル
4

問題 1 本文に基づいて中国語で質問に答えましょう。

❶ "自由" 的具体表现在哪些方面?

　　答：_____

❷ "平等" 在本文内具体指哪些方面?

　　答：_____

問題 2 次のピンインを中国語に直し、声に出して覚えましょう。

Rénquán bú shì guójià de cìyǔ, érshì měi ge rén
yǔshēng-jùlái jiù xiǎngyǒu de quánlì.

　　答：_____

問題 3 次の文を中国語に訳し、そして声に出して覚えましょう。

❶ 彼女たちはアルバイトではなく、ボランティア活動に参加しに行くのです。（"不是……而是" を活用）

　　答：_____

❷ ここに来ている以上、一杯（お酒でも）飲みましょうよ。

　　　　（"既然" を活用）

　　答：_____

❸ どんなことが起こっても、私は行かねばなりません。

　　　　（"不论……都" を活用）

　　答：_____

69

コラム④

文革博物館

　1986年、作家・翻訳家の巴金（本名は李堯棠）は文化大革命の犠牲者を記念し、二度と文革の惨禍を起こさないために文革の博物館を建てようと提起しました。この呼びかけを受けてカメラマンの楊克林は写真集『中国文化大革命博物館』を編集しました。しかし、文革発動から52年が過ぎても党・政府の運営による文革博物館はまだ建設されていません。

　文革を知らない世代が社会の主流を占めつつありますが、民間の有識者により、2005年元旦、広東省汕頭市澄海の景勝地、塔山に文化大革命博物館が開館しました。副市長など歴任した彭啓安は、人里離れた塔山に文革の犠牲者の墓が荒れ果てて点在していることに気づきました。自分自身も何回も批判闘争のつるし上げを経験していました。

　彭啓安は犠牲者の追悼も込めて文革博物館の建設に取り組み、関係者と折衝し、民間から広い協力を得て開館までこぎ着けました。それは北京・天壇の祈年殿をモデルにした円形の建物で、石造りの壁には楊克林の収集した写真が彫り込まれ、館内には関連書籍や文革の教訓を記した掛け軸などが展示されています。塔山のふもとには犠牲者の碑林がたたずんでいます。ただし、「個人崇拝と独裁。10年災厄は冤罪の山」と示唆する掛け軸くらいで、党・政府を直接批判するものはありません。重大な失政である文革は今もなお政治的に「敏感」だからです。

　にも関わらず、2016年、習近平体制で「中国の夢」や「社会主義核心価値」などのスローガンとともに"小文革"の再来を彷彿とさせる状況が現出し、文革博物館は事実上の閉館に追い込まれました。北京から1,000キロも離れた僻遠の地でも文革はタブーとされたのです。明示的ではないですが、一定のレベルを超えてはならないというボトムライン（限度）が厳然たる不文律としてあり、それ

が引き上げられたのです。文革を知らない世代が社会で多数となりつつあるからこそ文革博物館の役割がますます重要になっているのですが、現状はその逆なのです。

「国家の開放や進歩とともに春がきっとやって来ると思ったが、冬が先にやって来た」と、彭啓安はつぶやきました。

天安門事件を伝える香港の新聞『大公報』
(1989年6月4日付け)

零八宪章 Líng bā xiànzhāng 第五講

共和：共和就是"大家共治，和平共生"，就是分权制衡与利益平衡，就是多种利益成分、不同社会集团、多元文化与信仰追求的群体，在平等参与、公平竞争、共同议政的基础上，以和平的方式处理公共事务。

民主：最基本的涵义是主权在民和民选政府。民主具有如下基本特点：（1）政权的合法性来自人民，政治权力来源于人民；（2）政治统治经过人民选择，（3）公民享有真正的选举权，各级政府的主要政务官员必须通过定期的竞选产生。（4）尊重多数人的决定，同时保护少数人的基本人权。一句话，民主使政府成为"民有、民治、民享"的现代公器。

宪政：宪政是通过法律规定和法治来保障宪法确定的公民基本自由和权利的原则，限制并划定政府权力和行为的边界，并提供相应的

zhìdù shèshī
制度 设施。

Zài Zhōngguó dìguó huánquán de shídài zǎoyǐ yí qù bú fùfǎn le
在 中国, 帝国 皇权 的 时代 早已 一 去 不 复返 了;
zài shìjiè fànwéi nèi wēiquán tǐzhì yě rìjìn huánghūn gōngmín yīnggāi
在 世界 范围 内, 威权 体制 也 日近 黄昏; 公民 应该
chéngwéi zhēnzhèng de guójiā zhǔrén
成为 真正 的 国家 主人。

Qūchú yīlài míngjūn qīngguān de chénmín yìshí zhāngyáng quánlì
祛除 依赖 "明君"、"清官" 的 臣民 意识, 张扬 权利
wéi běn cānyù wéi zé de gōngmín yìshí shíjiàn zìyóu gōngxíng mínzhǔ
为 本、参与 为 责 的 公民 意识, 实践 自由, 躬行 民主,
zūnfèng fǎzhì cái shì Zhōngguó de gēnběn chūlù
尊奉 法治, 才 是 中国 的 根本 出路。

文法のポイント

〔1〕共和就是 "大家共治，和平共生"，就是分权制衡与利益平衡，就是多种利益成分、

"就是" は「つまり、すなわち」という意味で、性質や状況を強く肯定するときに使います。ここでは、"共和" について "就是" を3回繰り返しながら詳しく説明しています。

〔2〕政权的合法性来自人民，政治权力来源于人民；

"来自～" は「～から来る、～に由来する」、"来源于～" は「～から出てくる、生まれる、～の源は～にある」という意味です。ここでは、それぞれの表現の後に、いずれも "人民" という言葉が続いているので、"政权的合法性" と "政治权力" のいずれも、"人民" が源であるという意味になります。

〔3〕躬行民主，尊奉法治，才是中国的根本出路。

副詞の "才" には様々な用法がありますが、ここでは「それでこそ、いわゆる」という意味で強調しています。"才是～" の前後で「～こそが、～である」と訳しましょう。

零八宪章 Líng bā xiànzhāng 第五講

語句

語句	訳・解説
大家共治，和平共生	皆が共に治め、平和的に共存する。
分权	分権。権力分立。
制衡	バランスをとるため互いに牽制しあう。均衡をとる。
成分	構成要素。成分。
不同	異なる。
多元	多元的な。多様な。
议政	政治に関して議論する。
基础	基礎。土台。
以	……により。……に基づいて。
处理	処理する。
事务	（なすべき）仕事。
涵义	（字句に）含まれている意味。
主权在民	主権在民。
民选	民選。市民による直接選挙。
具有	備える。持つ。一般に書き言葉として使われ、後ろには単音節の目的語を置けません。品格や信念など抽象名詞に用いられることが多いです。
特点	特徴。特色。
经过	（事柄や手続きを）経る。通す。
官员	官吏。役人。
竞选	選挙運動（をする）。選挙に立候補する。
产生	発生する。主に抽象的な事物に用いられます。
保护	保護する。
一句话	一言で言えば。要するに。
成为	……になる。……となる。
民有、民治、民享	民が有し、民が治め、民が享受する。リンカーン大統領の1863年11月19日、ゲティスバーグでの演説より。
公器	公器。公有のもの。共有の道具。

75

語句	訳・解説
来	ここでは、他の動詞の前に置かれ、動作に取り組む積極的な姿勢を表します。 我来说几句（私が少し話します）。
限制	制限する。制約する。規制する。
并	かつ。さらに。しかも。
划定	境界を定める。確定する。
边界	境界。
相应	相応する。
设施	機構。施設。
早已	早くから既に。とうの昔から。
一去不复返了	ひとたび去ってまた帰らず。永遠に過去のものとなった。
在世界范围内	介詞＋“内”の文型で、「……の中」、「……のうち」と範囲を指します。
日近	日が近づく。
应该	……でなければならない。……べきである。
祛除	除去する。払いのける。
依赖	頼る。
明君	明君。賢明な君主。
清官	清廉な官僚。
臣民	君主制国家の統治された臣下と人民。
张扬	公に表明する。発揚する。
为本	……を基本とする。
为责	……を責任とする。
躬行	自ら行う。（書き言葉）
尊奉	尊重し守る。
出路	（解決や脱出のための）活路。

零八宪章 Líng bā xiànzhāng 第五講

ドリル
5

問題 1 本文に基づいて中国語で質問に答えましょう。

❶ "民主最基本的涵义" 是什么意思？

　　答：＿＿＿＿＿＿＿＿＿＿＿＿＿＿＿＿＿＿＿＿＿＿

❷ "宪政" 是什么意思？

　　答：＿＿＿＿＿＿＿＿＿＿＿＿＿＿＿＿＿＿＿＿＿＿

問題 2 次の中国語にピンインを付け、日本語に訳し、また中国語は声に出して覚えましょう。

❶ 张扬权利为本、参与为责的公民意识。

　　ピンイン：＿＿＿＿＿＿＿＿＿＿＿＿＿＿＿＿＿＿

　　訳：＿＿＿＿＿＿＿＿＿＿＿＿＿＿＿＿＿＿＿＿＿＿

❷ 公民应当成为真正的国家主人。

　　ピンイン：＿＿＿＿＿＿＿＿＿＿＿＿＿＿＿＿＿＿

　　訳：＿＿＿＿＿＿＿＿＿＿＿＿＿＿＿＿＿＿＿＿＿＿

問題 3 次の文を中国語に訳し、声に出して覚えましょう。

❶ 彼は新しくやって来たドイツ語の先生です。("就是" を活用)

　　訳：＿＿＿＿＿＿＿＿＿＿＿＿＿＿＿＿＿＿＿＿＿＿

❷ 正しい決定は正しい判断から生まれる。("来源于" あるいは "来自于" を活用)

　　訳：＿＿＿＿＿＿＿＿＿＿＿＿＿＿＿＿＿＿＿＿＿＿

❸ 他ならぬ、これこそ本場のスペイン産ワインだ。("才是" を活用)

　　訳：＿＿＿＿＿＿＿＿＿＿＿＿＿＿＿＿＿＿＿＿＿＿

コラム
⑤

「清官」と「上訪(直訴)」

　11世紀、北宋の高官、包拯は清廉潔白を意味する「青天」と呼ばれていました。特に法官として貪官汚吏や悪徳商人を罰して庶民を守るという公正な裁判をしたことで名が知られています。日本で言えば、江戸時代の水戸黄門や大岡越前のような人物です。

　ところが、文革初期、包拯は階級調和を図る反革命であったと批判されました。でも、これは長続きせず、今なお「包青天」を祭る廟が各地にあります。中国の民衆は王朝が変わっても、いつの世でも「貪官」に苦しめられ、「清官」を切望してきました。

　現代の中国は三権分立ではなく、民衆が正当な要求を当局に出すには「信訪(陳情)」制度しかありません。ところが、それも難しいため、多くの庶民が中央の北京に「上訪(直訴)」するという特異な社会現象を生み出しています。

　他方、責任を問われる地方政府は直訴を阻止するために、取締りを強め、北京に行くことを阻止し、それをかわした者は北京から強制送還します。直訴者が抵抗すると、暴力がふるわれることもあります。

　そもそも陳情・直訴は、伝統的な官本位の意識が根強いためです。「清官」とは言え、それは「人治」に変わりはありません。求められることは、民選議員による民意の政治への反映、行政の社会的な監査・監督、司法の独立、言論の自由、さらにジャーナリズムの社会的責任、公民意識の向上でしょう。

公職選挙

　中華人民共和国で最初の選挙法は、1953年に制定された「全国人民代表大

コラム⑤

会および地方各級人民代表大会選挙法」です。1979年に大幅改正され、82年、86年、95年と一部改正が続けられました。

また、1987年に村民委員会組織法（試行）が定められ、逐次、県レベル以下で直接選挙、「差額選挙（定員数を候補者が上回る）」などが行われるようになりました。さらに、都市と農村の選挙権の格差の解消、候補者の選挙活動に対する規制緩和などの改革がなされてきました。1990年代になると、村民委員会選挙の手続きが改善され、1998年には全人代で村民委員会組織法が改正され自由競争メカニズムが導入されました。そして、2000年、中央弁公庁・国務院弁公庁は都市の社区委員の直接選挙を通達しました。これらは「草の根」民主主義に繋がるものとして注目されました。

ただし、中国では立候補制ではなく、候補者は推薦と協議を経て選定されます。10名以上の有権者が連名で推薦しなければ候補者になれません。そして、結社の自由が制限されているため、事実上、候補者は官製になります。当局と異なる意見の人物が選挙に出ようとすると、当人だけでなく、推薦者に圧力が加えられます。

それでも近年、「公民社会」の形成という動きの中で、官製候補とは別に「独立候補」が登場しました。それは憲法で保障されている公民の選挙権と被選挙権を明確に表明することでした。

2011年、大学教員、作家、起業家、評論家、家庭の主婦たち十数人が次々に立候補の名乗りをあげました。その口火を切ったのは江西省の劉萍でした。彼女は職場を退職した女性労働者で、「庶民の声はどこにも届かない。選挙で声をあげようと思い立」ち、立候補を表明しました。しかし「公共秩序騒乱罪」で身柄を拘束されました。しかも同年6月、「独立候補というものには法的根拠はない」と、全人代常務委員会法制工作委員会は通達を出しました。

当局は押さえ込もうとしていますが、それはまた、公民意識の覚醒による自由な政治参加の要求が高まっているからです。このように上からと下からの動きが交叉する中で選挙改革が模索されています。緩慢に紆余曲折を進んでいますが、注目していきましょう。

零八宪章　Líng bā xiànzhāng　**第六講**

Wǒmen de jīběn zhǔzhāng
三、**我们　的 基本　主张**

Jiècǐ　wǒmen běnzhe fù zérèn yǔ jiànshèxìng de gōngmín jīngshén duì
藉此，我们　本着　负 责任 与　建设性　的　公民　精神　对

guójiā zhèngzhì gōngmín quánlì yǔ shèhuì fāzhǎn zhū fāngmiàn tíchū rúxià
国家　政制、公民　权利 与 社会　发展　诸　方面　提出 如下

jùtǐ zhǔzhāng
具体　主张：

Xiūgǎi xiànfǎ Gēnjù qiánshù jiàzhí lǐniàn xiūgǎi xiànfǎ shānchú
1、**修改　宪法**：根据　前述　价值 理念 修改　宪法，　删除

xiànxíng xiànfǎ zhōng bù fúhé zhǔquán zài mín yuánzé de tiáowén shǐ
现行　宪法　中 不 符合　主权 在 民 原则 的　条文，使

xiànfǎ zhēnzhèng chéngwéi rénquán de bǎozhèngshū hé gōnggòng quánlì
宪法　真正　成为　人权 的　保证书　和 公共　权力

de xǔkězhuàng chéngwéi rènhé gèrén tuántǐ hé dǎngpài bùdé wéifǎn de
的　许可状，　成为　任何 个人、团体 和 党派 不得　违反 的

kěyǐ shíshī de zuì gāo fǎlǜ wèi Zhōngguó mínzhǔhuà diàndìng fǎquán
可以 实施 的 最 高 法律，为　中国　民主化　奠定　法权

jīchǔ
基础。

Fēnquán zhìhéng Gòujiàn fēnquán zhìhéng de xiàndài zhèngfǔ
2、**分权　制衡**：构建　分权　制衡 的 现代　政府，

bǎozhèng lìfǎ sīfǎ xíngzhèng sānquán fēnlì Quèlì fǎdìng xíngzhèng
保证　立法、司法、行政　三权 分立。确立　法定　行政

hé zérèn zhèngfǔ de yuánzé fángzhǐ xíngzhèng quánlì guòfèn kuòzhāng
和 责任 政府 的 原则，防止　行政　权力　过分　扩张；

zhèngfǔ yīng duì nàshuì rén fùzé Zài zhōngyāng hé dìfāng zhījiān jiànlì
政府　应 对 纳税 人 负责；在　中央　和 地方 之间 建立

fēnquán yǔ zhìhéng zhìdù zhōngyāng quánlì xū yóu xiànfǎ míngquè jièdìng
分权　与　制衡 制度，中央　权力 须 由 宪法 明确　界定

shòuquán dìfāng shíxíng chōngfèn zìzhì
授权，　地方 实行　充分　自治。

80

Lìfǎ mínzhǔ　Gè jí lìfǎ jīgòu yóu zhíxuǎn chǎnshēng lìfǎ bǐngchí
3、立法 民主：各 级 立法 机构 由　直选　产生，立法　秉持

gōngpíng zhèngyì yuánzé shíxíng lìfǎ mínzhǔ
公平　　正义　原则，实行 立法 民主。

文法のポイント

〔1〕 我们本着负责任与建设性的公民精神对国家政制

"本着" は「……に基づいて。何らかの基準による」ことを表します。"原则" "态度" "方针" "精神" など抽象名詞とのみ組み、その名詞にはふつうは修飾語がつきます。また、主語の前にも用いられます。

本着求同存异的原则、我们坦率地交换了意见（小異を残して大同につくという原則に基づき、我々は率直に意見を交わした）。

〔2〕 成为任何个人、团体和党派不得 违反的可以实施的最高法律

"任何" は「いかなる（…にもせよ）、どんな（…でも）」という意味で、例えば、後ろに"人"をつければ「どんな人でも」という意味になります。ここでは"个人、团体和党派"について言及していることに気をつけましょう。

〔3〕 政府应对纳税人负责

助動詞の"应"は、「（道理からいって）当然～しなければならない、すべきである」という意味で使います。ここでは「政府は納税者に責任を負わねばならない」と訳します。「～すべきである、～しなければならない」という意味の助動詞は他にもありますが、ここでは「当然」という意味で使われている点がポイントです。

零八宪章 Líng bā xiànzhāng 第六講

語句

語句	訳・解説
藉此	これにより。話し言葉は"借此（jiècǐ）"。
诸	もろもろの。多くの。
根据	……により。
删除	削除する。
符合	符合する。合致する。
成为	……になる。……となる。
公共权力	公権力。
许可状	許可証。（状は一定の格式を備えた証書、文書）
任何	いかなる（……にせよ）。
不得	……するを得ない。……してはならない。
可以	……できる。可能である。否定には"不行"、"不能"を用います。
为	……のために。（動作の受益者を導きます）
奠定	定める。固める。打ち立てる。
法权	法的権利。
构建	構築する。作り上げる。（抽象的な事柄に用いられることが多い）
过分	行き過ぎた。度を越した。
在…之间	……の間で。
须	……しなければならない。
由	……により。
界定	境界、範囲を定める。
授权	権限を授ける。
机构	機構。機関。組織。
直选	直接選挙。
秉持	執る。行う。書き言葉で、元々は固く戒律を守る、堅持するという意味の仏教語でした。
正义	正義。

83

ドリル
6

問題1 本文に基づいて中国語で質問に答えましょう。

❶ "三权分立" 是什么意思?

答：＿＿＿＿＿＿＿＿＿＿＿＿＿＿＿＿＿＿＿＿＿＿

❷ "立法" 应秉持什么原则?

答：＿＿＿＿＿＿＿＿＿＿＿＿＿＿＿＿＿＿＿＿＿＿

問題2 次の（　）に"任何"、"成为"、"应该"、"该"、のいずれかを書き入れ、日本語に訳し、声に出して覚えましょう。

❶ （　　）人都不得以权谋私。

答：＿＿＿＿＿＿＿＿＿＿＿＿＿＿＿＿＿＿＿＿＿＿

❷ 你应（　　）不（　　）参加, 再冷静地想一想吧。

答：＿＿＿＿＿＿＿＿＿＿＿＿＿＿＿＿＿＿＿＿＿＿

❸ 我姐姐将来想（　　）一名宇航员。

答：＿＿＿＿＿＿＿＿＿＿＿＿＿＿＿＿＿＿＿＿＿＿

零八宪章 Líng bā xiànzhāng 第六講

問題 3 次の文を中国語に訳し、声に出して覚えましょう。

❶ 我々が三権分立の精神に基づいて司法的判断を下します。
（"本着" を活用）

訳：＿＿＿＿＿＿＿＿＿＿＿＿＿＿＿＿＿＿＿＿＿＿

❷ 参考書を教室から持ち出してはなりません。（"不得" を活用）

訳：＿＿＿＿＿＿＿＿＿＿＿＿＿＿＿＿＿＿＿＿＿＿

❸ いかなる嘘でも、必ずばれる日がやってくる。（"任何" を活用）

訳：＿＿＿＿＿＿＿＿＿＿＿＿＿＿＿＿＿＿＿＿＿＿

コラム⑥

七七憲章と〇八憲章

　「〇八憲章」は無から生まれたのではなく、自由や民主を求める文明史において先人の営為を継承しています。特にチェコスロヴァキアの「七七憲章」との関連が大きいです。

　「七七憲章」は1968年の「プラハの春」がソ連の軍事介入で鎮圧されてから10年後に発表され、人権抑圧に抗議し、1975年の「ヘルシンキ宣言」で謳われた人権条項の遵守を求めました。署名者たちは弾圧されましたが東欧民主化に多大な影響を及ぼしました。

　「七七憲章」で中心的役割を果たし、民主化達成後、大統領に選出されたヴァーツラフ・ハヴェルは「〇八憲章」が発表されると、両者について、次のように明快に述べています。

　「『七七憲章』から30年あまり経て2008年12月、中国公民の一グループは我々の取るに足らない努力を手本にして、人権について、あるべき政府について、また公民が政府を監督する責任について類似した提言を行い、それによって彼らの国家が近代社会のルールに則ってものごとを処理するのを確実に保障しようとした。彼らが公表したこの文書は人びとに深い印象を与えた。『〇八憲章』の署名者は基本的人権の保障、司法の独立、議会制民主主義などを要求した。」

　確かに「〇八憲章」の署名者たちは東ヨーロッパの経験を非常に重視していました。ハヴェルが提起した「無権者の権利」、コラコフスキー（ポーランド生まれの哲学者）が主張した「尊厳の中に生存する」、コンラッド（ハンガリーの作家・社会学者）が唱道した「反政治」、ミフニク（ポーランド「連帯」運動の中心的知識人）が論じた「新進化論」などを大いに摂取し、さらにそれを実践に移そうと幾度も試みました。

　ですから、ハヴェルは「〇八憲章」は「七七憲章」の単純な焼き直しではなく、

コラム⑥

中国固有の困難やそれへの独創的な提案など多く点で違いがあると認識していました。また「〇八憲章」の署名者たちも中国の民化は当時のチェコスロヴァキアに比べてより複雑であり、それ故、より困難であることを十分に自覚していました。これについてハヴェルは、次のように指摘しています。

「『〇八憲章』の署名者たちは基本的要求にとどまっていなかった。時間の経過につれ、自由で開放された社会とは、基本的人権のみならず、より多くの内容を保障することを意味していると次第に認識するに到った。この点で『〇八憲章』の署名者たちは賢明にも、より有効な環境の保護、都市と農村の格差の解消を呼びかけ、より健全な社会保障制度、及び人権を侵害した過去の行為に関する和解への真剣な努力を要求した。」

そして2009年3月11日、プラハで2008 Homo Homini Award（人の人への賞）の授与式が開かれ、劉暁波はじめ「〇八憲章」署名者が「30年来、中国の人権状況の改善に対して洞察力に富んだ貢献を果たし、自由のために強靱かつ勇気に満ちた闘いを」続けたと表彰されました。

零八宪章 Líng bā xiànzhāng 第七講

4、司法 独立：司法 应 超越 党派、不 受 任何 干预，
Sīfǎ dúlì　Sīfǎ yīng chāoyuè dǎngpài bú shòu rènhé gānyù

实行 司法 独立，保障 司法 公正；设立 宪法 法院，建立
shíxíng sīfǎ dúlì bǎozhàng sīfǎ gōngzhèng shèlì xiànfǎ fǎyuàn jiànlì

违宪 审查 制度，维护 宪法 权威。尽早 撤销 严重
wéixiàn shěnchá zhìdù wéihù xiànfǎ quánwēi Jǐnzǎo chèxiāo yánzhòng

危害 国家 法治 的 各 级 党 的 政法 委员会，避免 公器
wēihài guójiā fǎzhì de gè jí dǎng de zhèngfǎ wěiyuánhuì bìmiǎn gōngqì

私用。
sīyòng

5、公器 公用：实现 军队 国家化，军人 应 效忠
Gōngqì gōngyòng Shíxiàn jūnduì guójiāhuà jūnrén yīng xiàozhōng

于 宪法，效忠 于 国家，政党 组织 应 从 军队 中
yú xiànfǎ xiàozhōng yú guójiā zhèngdǎng zǔzhī yīng cóng jūnduì zhōng

退出，提高 军队 职业化 水平。包括 警察 在内 的 所有
tuìchū tígāo jūnduì zhíyèhuà shuǐpíng Bāokuò jǐngchá zàinèi de suǒyǒu

公务员 应 保持 政治 中立。消除 公务员 录用 的
gōngwùyuán yīng bǎochí zhèngzhì zhōnglì Xiāochú gōngwùyuán lùyòng de

党派 歧视，应 不分 党派 平等 录用。
dǎngpài qíshì yīng bùfēn dǎngpài píngděng lùyòng

6、人权 保障：切实 保障 人权，维护 人 的 尊严。
Rénquán bǎozhàng Qièshí bǎozhàng rénquán wéihù rén de zūnyán

设立 对 最高 民意 机关 负责 的 人权 委员会，防止 政府
Shèlì duì zuìgāo mínyì jīguān fùzé de rénquán wěiyuánhuì fángzhǐ zhèngfǔ

滥用 公权 侵犯 人权，尤其 要 保障 公民 的 人身
lànyòng gōngquán qīnfàn rénquán yóuqí yào bǎozhàng gōngmín de rénshēn

自由，任何 人 不 受 非法 逮捕、拘禁、传讯、审问、处罚
zìyóu rènhé rén bú shòu fēifǎ dàibǔ jūjìn chuánxùn shěnwèn chǔfá

废除 劳动 教养 制度。
fèichú láodòng jiàoyǎng zhìdù

零八憲章 Líng bā xiànzhāng 第七講

文法のポイント

〔1〕军人应效忠于宪法，效忠于国家，

　書き言葉でよく使われる"于"は、時間や場所を表す語句の前に置いて「～に、～で」と訳します。この使い方のほかに、「動詞＋"于"」の形で目的語を取る表現もあります。ここでは、"效忠于～"という表現が2回繰り返されています。"效忠"は「～に忠誠を尽くす」という意味なので、忠誠を尽くす対象は"宪法"と"国家"になります。

〔2〕包括警察在内的所有公务员应保持政治中立。

　"包括"は「～を含む、～を含める」という意味です。"包括～在内"の形で使われることが多く、「～を中に含む」という意味になります。

語句

語句	訳・解説
干预	関与する。口出しする。
设立	設立する。
法院	裁判所。
违宪	違憲。
维护	擁護する。守る。
权威	権威。
尽早	できるだけ早く。
撤销	撤廃する。取り消す。
避免	避ける。防止する。
私用	私物化する。
军队	軍隊。

89

語句	訳・解説
効忠	忠誠を尽くす。"于"で目的語をとる。
包括	含む。包含する。
在内	……を含めて。
消除	取り除く。撤廃する。
录用	採用する。任用する。
歧视	差別する。偏見を抱く。白眼視する。
切实	適切である。確実である。
滥用	濫用する。むやみやたらに使う。
公权	公権力。
侵犯	（人の権利を）侵す。侵害する。
尤其要	特に……しなければならない。
非法	不法である。
传讯	（司法機関や公安機関が）召喚して訊問する。
审问	尋問する。
处罚	処罰する。
废除	廃棄する。撤廃する。

ミニ解説

政法委员会　政法委員会

　政法委員会は立法や法律の執行に関わる共産党の組織です。1980年の設立で、事務機関とされていますが、政策を研究し、法院（裁判所）、検察、警察、司法部など部門間の意見を調整・統括し、治安維持を含む社会秩序の総合的な管理を行い、重要な事案については決定を下します。その構成員は共産党の指導者と司法・治安関係のトップ（これも党員）となっています。

　関連する機関に紀律検査委員会があります。党内で公権力を用いて個人的利益を図る汚職腐敗などの問題を担当し、党の機関でありながら、検察の特捜部

のように活動します。

　政法委員会や紀律検査委員会の司法権は絶大で、しかも具体的な運営・運用のプロセスにまで関与しており、憲政・法治の有名無実化をもたらしていると見られています。党の組織が決めた後で司法が動くからです。

労动教养制度　労働矯正制度

　幅広い知識、学問への姿勢、豊かな情操、精神の修養などを含む「教養」の他に、中国語の「教養」は矯正する、しつけるという意味合いが大きいです。「労働教養（略語は労教）」は労働により矯正し、更生させるということになります。

　これは1957年に開始された行政処罰の一つです。刑事罰に及ばない軽犯罪に対して裁判を経ずに処罰するということです。しかも強制的に「労働教養所」という施設に収容されます。それは「労働改造所」とも呼ばれ、略称の「労改」は英語としても通用する"Laogai"になりました。

　このような制度のため、曖昧な理由や恣意的な解釈で最長4年間も強制労働を科せることができ、内外で批判されてきました。2013年11月にようやく、憲法第37条2「いかなる公民も、人民検察院の承認もしくは決定または人民法院の決定のいずれかを経て、公安機関が執行するのでなければ、逮捕されない」と定められていることから憲法違反として廃止されました。

ドリル
7

問題 1 本文に基づいて中国語で質問に答えましょう。

❶ "司法独立" 意味着什么?

　　答：_____

❷ 本文中的 "公器公用" 具体指哪些内容?

　　答：_____

問題 2 次の文には誤りがあります（一文に一つ）。正しく書き改め、日本語に訳し、中国語は音読しましょう。

❶ 房租每月三万日元，不对水电费在内。

　　答：_____

　　訳：_____

❷ 忠诚在自己的内心。

　　答：_____

　　訳：_____

❸ 公务员于保持政治中立。

　　答：_____

　　訳：_____

零八宪章 Líng bā xiànzhāng 第七講

問題 3 次の文を中国語に訳し、声に出して覚えましょう。

❶ 彼らはできるだけ早く帰国したいと考えています。（"尽早" を活用）

訳：＿＿＿＿＿＿＿＿＿＿＿＿＿＿＿＿＿＿＿＿＿＿＿

❷ 人間の尊厳を侵害してはならない。（"侵犯" を活用）

訳：＿＿＿＿＿＿＿＿＿＿＿＿＿＿＿＿＿＿＿＿＿＿＿

❸ 私のおじいさんはお酒を飲むのが好きで、特に日本酒が大好きです。（"尤其"
を活用）

訳：＿＿＿＿＿＿＿＿＿＿＿＿＿＿＿＿＿＿＿＿＿＿＿

コラム
⑦

党の軍から国の軍へ

　中国では憲法と関係法令により、国家が軍（正規軍の人民解放軍と人民武装警察など準軍事組織）を指揮する形をとっていますが、実質は共産党中央軍事委員会が最高の指揮機関で、「党権至上」で「党が鉄砲を指揮する」となっています。
　共産党は、毛沢東の「政権は銃口から生まれる」に象徴されるように、自ら軍隊をつくり、革命戦争により国民党に勝利し、政権を樹立しました。現在でも、中国の軍は共産党の軍となっています。軍隊内では、中隊に党支部が、大隊や連隊に党委員会が置かれています。軍事指揮官とともに政治指揮官がいる「軍政双首制」で、後者は政治部に所属します。政治委員（政治将校）は、軍の宣伝、思想、政治、組織、規律、保衛、対外連絡活動などに責任を負い、そのため軍法・軍事検察機関も管掌しています。
　発展途上国ではクーデタや軍政がしばしば見られますが、それと比べれば、軍に対する共産党の政治的統制は機能しているでしょう。しかし、1989年の「六・四」天安門事件では戒厳部隊が出動し、学生と市民に向かって発砲しました。戦車が広場のテントを押しつぶし、人々を轢く映像まで放送され、民衆の心にあった解放軍は「人民子弟兵」で、人民軍隊は人民を愛し、魚と水のような絆で結ばれているという信頼関係は一挙に崩れ去りました。
　広場にいた元学生は「初めはみんな地面にはね返った銃弾はゴム弾だと思った。ところが本物のダムダム弾で、学生や市民は血まみれになってなぎ倒されていった」と語りました（2010年8月、パリで）。彼自身も銃撃され、亡命先のパリで手術により摘出した銃弾を手に、涙ぐみながら、このように証言しました。
　彼は、フランスに亡命し、民主運動を続けています。ロックバンドを結成し、「無情の銃弾など理想を貫き通せない。自由の胸板は戦車より強靱だ」と「天安門の兄弟」に思いをはせて歌い続けています。

コラム ⑦

5月30日から天安門広場に置かれた民主の女神像
(中央美術学院など北京の八大学の学生による共同制作)

零八宪章　Líng bā xiànzhāng　**第八講**

7、**公职　选举**：全面　推行　民主　选举　制度，落实
一　人　一　票　的　平等　选举权。各　级　行政　首长　的
直接　选举　应　制度化　地　逐步　推行。定期　自由　竞争　选举
和　公民　参选　法定　公共　职务　是　不可　剥夺　的　基本
人权。

8、**城乡　平等**：废除　现行　的　城乡　二元　户籍
制度，落实　公民　一律　平等　的　宪法　权利，保障　公民
的　自由　迁徙　权。

9、**结社　自由**：保障　公民　的　结社　自由　权，将　现行
的　社团　登记　审批　制　改为　备案　制。开放　党禁，以　宪法
和　法律　规范　政党　行为，取消　一　党　垄断　执政
特权，确立　政党　活动　自由　和　公平　竞争　的　原则，
实现　政党　政治　正常化　和　法制化。

零八宪章 Líng bā xiànzhāng 第八講

文法のポイント

〔1〕保障公民的结社自由权，将现行的社团登记审批制改为备案制

　介詞（前置詞）の"将"は書き言葉でよく使われ、口語の"把"に相当します。
「～を」と訳して、動作の対象とその動作の結果を導きます。ここでは、"将现行
的社团登记审批制改为备案制"という文の中で使われ、「現行の社会団体の登
録審査許可制を届出制に改める」と訳します。「～を～に改める」の部分に注意
しましょう。

〔2〕和平集会、游行、示威和表达自由，是宪法规定的公民基本自由，不应受
到执政党和政府的非法干预与违宪限制。

　助動詞の"应"は、先述したとおり「（道理からいって）当然～しなければならな
い、すべきである」という意味ですが、その否定形"不应～"は「当然～しては
ならない」という意味になります。ここでは「政権党と政府は不法な干渉や違憲
の制限を加えてはならない」と強い主張を述べている点がポイントです。

語句

語句	訳・解説
逐步	一歩ずつ。次第に。
推行	推し進める。普及させる。
参选	選挙に参加する。
不可	……してはいけない。……できない。
城乡	都市と農村。
社团登记审批制	社団の登録審査許可制度。
备案制	主管部門に届け出る制度。
党禁	自党以外の政党の禁止。

ドリル
8

問題1 本文に基づいて中国語で質問に答えましょう。

❶ "城乡平等"是什么意思？

　　答：_____

❷ "平等的选举权"意味着什么？

　　答：_____

問題2 次の文には誤りがあります（一文に一つ）。正しく書き改め、日本語に訳し、中国語は音読しましょう。

❶ 我昨天下午将手机忘。

　　答：_____

　　訳：_____

❷ 我们把老师表扬了。

　　答：_____

　　訳：_____

❸ 公民的基本自由不对受到非法干预与违宪限制。

　　答：_____

　　訳：_____

98

零八宪章 Líng bā xiànzhāng 第八講

問題 3 次の文を中国語に訳し、声に出して覚えましょう。

❶ 両国の関係は次第に改善されている。

訳：＿＿＿＿＿＿＿＿＿＿＿＿＿＿＿＿＿＿＿＿＿＿＿＿＿＿＿＿

❷ 法律の前では全ての人間は一律に平等である。

訳：＿＿＿＿＿＿＿＿＿＿＿＿＿＿＿＿＿＿＿＿＿＿＿＿＿＿＿＿

❸ 何かあったとしても、冷静を保つべきです。

訳：＿＿＿＿＿＿＿＿＿＿＿＿＿＿＿＿＿＿＿＿＿＿＿＿＿＿＿＿

コラム⑧

二元戸籍制度

　中国の社会は日本と極めて異なるところがあります。その一つに都市と農村の制度的な峻別があり、移動、教育、就職、福祉などで大きな格差があります。都市では税制、交通、産業、教育、社会福祉、医療などで優遇され、農村戸籍者は常に不利な状況に置かれています。

　1951年に「都市戸籍管理暫定条例」により登録制度が導入され、1958年に「中華人民共和国戸籍登記条例」が制定され、出生、死亡、居住、移動を統一的に管理する制度ができました。その担当部門には公安機関が関わり、戸籍制度は住民管理と治安維持の手段となりました。特に、都市と農村の間の人口移動、農村から都市への流入が厳しく制限されています。

　「戸籍登記条例」第10条2では「公民が農村から都市に移動するときは、必ず都市労働部門の採用証明、学校合格証明または都市戸籍登録機関の転入許可証を持参し、常任地の戸籍登記機関に転出手続きを申請しなければならない」と定められています。実際、農村から都市への移動・居住は、大学入学、軍への入隊の他は、ほぼ不可能でした。

　1970年代末から改革開放が進められ、都市や経済特区などにおける労働力の需要に対応して、農村の余剰労働力が出稼ぎで都市に流入し、「農民工（略して民工）」と呼ばれるようになりました。

　1985年から「居民身分証」が発行され、出稼ぎ先でも身分保障に使えるようになりました。その後、急激な高度経済成長のなかで、農民工の都市流入は巨大なうねりとなり、「民工潮」と呼ばれました。都市も有能な労働力を求め、一部では都市の戸籍を与え、就労のための臨時的な「暫住証」を出すようになりました。

　このように二元戸籍管理制度は緩和されてきていますが、きらびやかな大都市を開発しながら、劣悪な労働条件や低賃金に加え、努力して資金を蓄えても住宅は購入できず、運転免許証の取得には村に帰らねばならず、子供を都市の学

校（定員外とされ授業料が高い）や自主的に開校した「民工学校」に入れても、成績は認められず、正式の卒業にならないなど、まだまだ差別が多く、「二等市民」とされています。

　教育機会に恵まれないことから、子供を農村に残し、祖父母や親族に預けて、両親が都会で働く家族も多く、それは「留守児童」の問題として現れています。

　現在「民工」の六割以上が都会生まれ、あるいは都会育ちで、「八〇后（80年代生まれ）」、「九〇后」の「新民工」と呼ばれています。彼（女）たちは親（民工の第一世代）と異なり、もはや農村への愛着は薄いです。ところが「低端人口」と呼ばれ、期限を決められ一斉に都市から締め出される状況も現れています。その背景として、電気、水道、交通などインフラが限界に達していることや対外的に見栄えのよくない違法建築物で暮らす貧困層などいない近代的大都市を誇示したいとの当局の思惑が指摘されています。

　「低端人口」という呼称や強引な立ち退きに対して、北京大学法学院の賀衛方教授たちは人権や財産権を無視した差別的政策だと抗議の署名運動を行いました。

社団の登録審査許可制度

　中国では、1998年に公布された「社会団体登記管理条例」により、社会団体の設置の際には必ず主管機関を通して民政部門に申請し、またその活動は主管機関の管理・監督を受けなければなりません。つまり管理・監督が二重になっています。そして登録されなければ、非合法とされます。つまり、日本では市民が自発的に団体をつくり、たとえ登録しなくても、活動は可能ですが、中国では法律違反になります。しかも、現行制度では法定民間組織として登録することは難しいため、企業として登録するか、既存の団体の下部組織となることが多いです。

　1990年代半ばまで、社会団体はほとんど官製であり、政府のみならず、民間においてもNGO（非政府組織）はなじみのない言葉でした。1995年、世界女性大会が北京で開催され、海外から多くのNGOが参加し、これがきっかけで政府も民間もNGOを知るようになりました。

近年「草の根」NGOと呼ばれる自発的NGOが、政治的にそれほど「敏感」ではない公共的領域において、社会活動や各種サービスで大きな役割を果たすようになってきました。

　また、ボランティアは中国で「志願者」と書きますが、2008年の四川大地震や北京オリンピックを契機に増えてきました。これは社会のあらゆることを政府が取りしきってきた中国社会において、下から芽生えた公民社会形成の兆しでしょう。もちろん、悠久たる歴史の中国には、社会的救済、自助・共助、公益、文化・娯楽などに関わり民間組織は存在していました。ところが、結社の自由がなくなり、党と政府が一元的にあらゆることを管理するようになり、民間組織の存在の余地がなくなったのです。

　しかし、改革開放、経済成長により要求も意識も多様化し、それに応じて民間組織が求められるようになりました。その中で公共的な問題や公益に公民が参与し、自由意志に基づく共同体として公民社会が形成される動きが見られるようになりました。1994年に産声をあげた「自然の友」は国家民政部に登録した純民間環境NGOです。メンバーは3000人ほどで、近年活発化している環境保護活動のリーダー的存在です。NGOは他の分野にも広がっており、HIV感染者支援、女性への暴力撲滅、出稼ぎ労働者や留守児童への支援、戸籍制度による差別撤廃、貧困問題解消などに取り組んでいます。

　また、河南省の鄭州には20年も続いている「思想サロン」があります。発起人にはリベラルな知識人から保守的な毛沢東派までいて、異なる立場の人たちが集うオープンなNGOです。メンバーには、先述した「自然の友」鄭州グループの会員、HIV感染者の権利擁護に取り組む者、農村に図書館を開くボランティア、人権派弁護士、専門家、学者、高校生や大学生など様々です。年齢は1930年代生まれ（三〇后）から90年代生まれ（九〇后）まで幅広いです。

　このように異なる価値観やライフスタイルの人たちが、講師に招いたゲストを囲み、あるいはホットな時事問題やメンバーの提供する話題をめぐり自由に討論し、夜を徹して議論することもしばしばです。それは「ミニ公共圏」と言うこともでき、公民社会の芽生えを感じさせます。試練は多いですが、知恵を出しあって続けています。

コラム ⑧

党禁

　国共内戦に敗北して台湾に逃れた蔣介石政権は、1949年に戒厳令を敷き、「台湾省戒厳時期不法集会・結社・デモ・請願・ストライキなど防止規程実施弁法」を制定し、事実上、政党の新規結成を禁止しました。この国民党一党独裁政治は「党外に党なく、党内に派なし」と言われました。

　しかし、1980年代の民主運動の高まりの中で、1986年に民主進歩党の結成が黙認され、翌年10月には40年近く続いた戒厳令が解除され、党禁にも終止符が打たれました。1989年には、政党結成は許可制から登録制になり、党禁の解除は徹底されました。

　次に共産党について見ると、1921年にソ連・コミンテルンの強い影響下で結成され、国民党との内戦・合作を繰り返し、抗日戦争を戦い、政権を掌握し、1949年に中華人民共和国を成立させました。その後、共産党は単独の執政政党として国家を指導し続け、今日に至っています。党員は、2015年に8,000万人を超え、世界最大の政党になっています。中国大陸では「党」と言えば「共産党」になります。

　確かに、共産党の他に中国国民党革命委員会など8つの「民主党派」と呼ばれる党派や政治団体があります。しかし、どれも結成は1949年以前で、中国共産党の指導を受け入れ、政治協商会議の諮詢機関の役割くらいしか果たしていない翼賛団体と言えます。

　1998年6月、浙江省杭州で、天安門民主運動の元リーダー（北京大学院生）の王有才と支持者たちは「中国民主党」の結成を宣言しました。そして、合法的に当局の承認を求め、同時に事実上の一党体制に対して反対する立場を明確に掲げました。これは中華人民共和国の歴史が始まって以来、初めての出来事と注目されました（それ以前にも小規模な党派の結成はありましたが）。しかし、主なメンバーが逮捕され、厳しく取り締まられました。

　中国大陸では今でも現実では「党禁」で、その解除の道のりは長いでしょう。今後の進展に注意していきましょう。

零八宪章 Líng bā xiànzhāng 第九講

10、**集会 自由**：和平 集会、游行、示威 和 表达 自由，是
宪法 规定 的 公民 基本 自由，不 应 受到 执政 党
和 政府 的 非法 干预 与 违宪 限制。

11、**言论 自由**：落实 言论 自由、出版 自由 和 学术
自由，保障 公民 的 知情 权 和 监督 权。制订
《新闻法》和《出版法》，开放 报禁，废除 现行 《刑法》 中
的 "煽动 颠覆 国家 政权 罪" 条款，杜绝 以 言 治罪。

12、**宗教 自由**：保障 宗教 自由 与 信仰 自由，实行
政教 分离，宗教 信仰 活动 不 受 政府 干预。审查
并 撤销 限制 或 剥夺 公民 宗教 自由 的 行政
法规、行政 规章 和 地方性 法规；禁止 以 行政 立法
管理 宗教 活动。废除 宗教 团体（包括 宗教 活动
场所）必 经 登记 始 获 合法 地位 的 事先 许可 制度，
代之 以 无须 任何 审查 的 备案制。

13、**公民 教育**：取消 服务 于 一 党 统治、带有 浓厚
意识 形态 色彩 的 政治 教育 与 政治 考试，推广 以

pǔshì jiàzhí hé gōngmín quánlì wéi běn de gōngmín jiàoyù quèlì
普世 价值 和 公民 权利 为 本 的 公民 教育，确立

gōngmín yìshí chàngdǎo fúwù shèhuì de gōngmín měidé
公民 意识，倡导 服务 社会 的 公民 美德。

文法のポイント

〔1〕审查并撤销限制或剥夺公民宗教自由的行政法规、行政规章和地方性法规;

　接続詞の"并"は、二つの動詞を接続して「かつ、また、および」という意味を表します。ここでは、"审查（審査する）"、"撤销（撤廃する）"という動詞の間において使われています。直訳すれば「審査し、かつ撤廃する」ですが、「審査を経て撤廃する」と訳しているのがポイントです。

〔2〕推广以普世价值和公民权利为本的公民教育，确立公民意识，倡导服务社会的公民美德。

　"以～为本"は「～を基本とする」という意味です。既に"以人为本（人を以て本となす）"という表現も学びました（ミニ解説参照）。ここでは、"以普世价值和公民权利为本的公民教育"と少し長いフレーズですが、文の構造は同じです。「普遍的な価値と公民の権利を基本とする公民教育」と訳します。

語句

語句	訳・解説
制订	新たに計画や法令を立案・制定する。
条款	条項。箇条。
杜绝	（悪いことを）止めさせる。防止する。途絶させる。
以言治罪	言論により罪を問われ、着せられる。
规章	規則。規定。
代	代わる。代わりにする。
无须	……する必要はない。
带有	帯びる。含む。
浓厚	濃厚である。非常に濃い。
意识形态	イデオロギー、観念形態。
色彩	色。彩り。（喩）（考え方や事物の）傾向、味わい、ムード。

零八宪章 Líng bā xiànzhāng 第九講

語句	訳・解説
考试	試験。
推广	押し広める。普及させる。
倡导	提唱する。先に立って主張する。

ミニ解説

知情权　知る権利

　憲法では第35条「言論、出版、集会、結社、行進及び示威の自由」、第36条「宗教信仰の自由」、第40条「通信の自由および通信の秘密」が記されていますが、知る権利や情報公開について明確に述べられていません。2007年4月、国務院は「情報公開条例」を制定し、翌年5月から試行しました。この条例では政府が公開すべき情報が挙げられ、情報請求権が明記され、たとえ非開示の決定がなされても請求者は不服申し立ての行政訴訟ができるようになりました。ただし、法治主義が十分でない状況において、その実効性が問われています。

监督权　監督権

　監督権は中華人民共和国憲法により各級人代の常務委員に付与される権限の一つで、国家機関の活動を監督します。

　憲法第41条には公民の基本的権利として「いかなる国家機関又は国家公務員に対しても」、批判、提案、不服申し立て、告訴、告発をする権利を有すると記されています。これは人民主権原則の具体的な表現で、監督権に当たります。この監督権が中国の憲法学会で定着し始めるのは、1990年代後半と言えます。しかし、国家権力の監督は、政治参加などと同様に、中国では今もなお政治的に「敏感」な問題で、理念的なレベルにとどまっています。

报禁・新闻法　報道禁止・新聞法

　中国語の「新闻」は日本語の「新聞」だけでなく、放送なども含めてニュース

全般を指します。

　先述したように憲法第35条では出版の自由が明記されていますが「新聞」は記されていません。そもそも中華人民共和国では、メディアは共産党の「喉舌」、つまり代弁者であり、その任務は党の決定や政策などの宣伝に位置づけられてきました。1980年代、報道法の制定を求める声が高まり、1987年1月、国務院新聞出版総署が設立され、7月には「中華人民共和国出版法草案」が提出されました。1989年1月、「報道法」と「出版法」の草案も作成されました。しかし、6月4日の天安門事件により、これらの動きは停止し、現在は国家新聞出版署の公布した「報紙管理暫行規定」のみです。

　中国でもメディアは多様化し、社会生活や娯楽の報道も多くなっていますが、政治的に重要なことでは、どれも一律に当局に指導を受けています。確かに、メディアの影響の大きさを考えれば、社会的な監督機能が必要です。ただし、それには当局の指導というトップダウンだけでなく、報道の受け手（公民）からのボトムアップもあります。オンブズパーソンによる当局への監査も求められます。

出版　出版

　日本と中国では「出版」の意味が少し異なります。中国ではより広く用いられ、活字媒体では図書や雑誌の他に新聞も含め、さらに音響映像関係の製品も「出版」の範囲に入れられます。

　国務院直属の国家新聞出版署は全国の出版事業の統一的な行政管理機構として位置づけられ、地方政府には新聞出版局が置かれています。

　憲法第35条で明記されている出版の自由は、あくまでも「人民民主主義独裁の社会主義」の下であり、これは刑法や民法、その関連法規における出版に関する条文にまで貫かれています。

宗教団体（包括宗教活动场所）事先许可制度　宗教団体事前許可制度

　国務院直属の国家宗教事務局は、宗教団体、宗教活動の場所の監督と指導を行います。そのため、宗教団体は事前に活動の許可を受けなければなりません。（コラム「新興家庭教会」参照）

零八宪章 Líng bā xiànzhāng 第九講

ドリル
9

問題1 本文に基づいて中国語で質問に答えましょう。

❶ "言论自由" 包括哪些内容?

答：＿＿＿＿＿＿＿＿＿＿＿＿＿＿＿＿＿＿＿＿＿＿＿＿＿＿＿

❷ 以什么为 "公民教育" 之本?

答：＿＿＿＿＿＿＿＿＿＿＿＿＿＿＿＿＿＿＿＿＿＿＿＿＿＿＿

問題2 （并、以、或）のいずれかを選び文章を完成させ、声に出して読み、日本語に訳しましょう。

❶ 关于这部小说是否能获奖，评选委员会内部几种意见（　　）存。

訳：＿＿＿＿＿＿＿＿＿＿＿＿＿＿＿＿＿＿＿＿＿＿＿＿＿＿＿

❷ 快递明天下午（　　）后天上午可以送到你家。

訳：＿＿＿＿＿＿＿＿＿＿＿＿＿＿＿＿＿＿＿＿＿＿＿＿＿＿＿

❸ 他（　　）笔为犁，勤奋耕耘。（原稿用紙を田畑に、筆を犁に喩える）

訳：＿＿＿＿＿＿＿＿＿＿＿＿＿＿＿＿＿＿＿＿＿＿＿＿＿＿＿

問題3 次の文を中国語に訳し、声に出して覚えましょう。

❶ 言論による処罰を根絶させねばならない。

訳：＿＿＿＿＿＿＿＿＿＿＿＿＿＿＿＿＿＿＿＿＿＿＿＿＿＿＿

❷ 公民意識を確立し、社会に奉仕する公民の美徳を提唱する。

訳：＿＿＿＿＿＿＿＿＿＿＿＿＿＿＿＿＿＿＿＿＿＿＿＿＿＿＿

❸ 中国ではボランティア活動に参加する人が昔より増えています。

訳：＿＿＿＿＿＿＿＿＿＿＿＿＿＿＿＿＿＿＿＿＿＿＿＿＿＿＿

109

コラム
⑨

政治犯

　一般に現政権やその支配に反対して犯罪者とされた人を指しますが、中国政府は公式では中国には政治犯は存在しないと説明しています。1951年に「反革命処罰条例」が公布され、1979年に中国で初めて刑法が制定され、15種類の「反革命罪」が正式に規定されました。この「反革命罪」は刑法に定められている刑事犯罪であるため、その判決を受ける者は政治犯ではなく、故に中国には政治犯はいないということになるのです。例えば、「北京の春」で逮捕された魏京生や「六・四」天安門事件の時の学生リーダーの王丹たちも「反革命罪」で禁固刑を言い渡されましたが、刑事犯とされました。

　これに対して欧米諸国、特に米国から人権侵害との批判が出されました。その矛先をかわすため、また「国際人権規約」署名に備えて1997年に刑法が改正され、「プロレタリア独裁の権力および社会主義制度の転覆を目的とし」という文言や「反革命罪」がなくなりました。その代わり「外国と結託して中華人民共和国の主権、領土保全および安全に危害を与えるもの」に適用する「国家安全危害罪」が出され、その中に「煽动颠覆国家政权罪（国家政権転覆煽動罪）」が記されました。劉暁波は「〇八憲章」と六編の文章を「煽動」と規定され、11年の刑を下されました。でも文章は言論であり、彼は具体的な行動など組織していませんでした。

宗教の自由

　中国共産党は、宗教を統一戦線政策の対象と位置づけています。世界三大宗教はそれぞれ中国天主教（カトリック）愛国会と中国キリスト教三自愛国運動

委員会・中国キリスト教協会（プロテスタント）、中国イスラム協会、中国仏教協会を通して党と政府の監督・指導の下に置かれています（担当部門は国務院宗教局）。

憲法第36条では信教の自由が書かれていますが、第4項「宗教団体及び宗教事務は、外国勢力の支配を受けない」とも記されており、事実上、公認された宗教団体以外の信仰や宗教活動は困難になっています。前述の「三自」とは①自養＝中国人自身の力で教会を支える、②自治＝中国人自身で教会を運営する、③自伝＝中国人自身の力で伝道する、という三つを意味し、先述の「外国勢力の支配を受けない」と関連します。

政府当局は、チベット仏教やイスラム教など中国における主に少数民族の信仰する宗教には、信教の自由を容認する姿勢を示しますが、「宗教を利用して国家を分裂させ、民族の団結を破壊する民族分裂主義には断固反対する」と表明しています。

また、中国共産党はマルクス・レーニン主義を党是とし、唯物論・無神論の立場から、原則として党員の宗教信仰を認めていません（少数民族の党員には社会習慣として許容）。国民に対しては信教の自由を謳いつつ、無神論教育も行わなければならないことを方針としています。

1966〜76年の文化大革命は、まさに「文化」に対する「革命」であったため、宗教は極めて大きな打撃を受けました。1975年には宗教団体を統制する最高機関の国務院宗教局さえ解散となりました。キリスト教では、西洋の宗教と見なされ、公認の「三自」愛国教会まで活動停止に追い込まれ、十字架、聖像、聖画、ステンドグラスなど破壊され、聖書や宗教書籍は焚書されました。

チベット仏教を精神的な支柱とするチベットでは、文革前は六千以上あった寺院がほとんど破壊され、文革後はわずか十余りしか残りませんでした。仏塔、仏像、経典なども破壊され、価値ある仏像や宝物などは略奪されました。それは中国内地と比較にならないほど深刻な被害で、今日の民族問題の重大な要因にもなっています。

文革終息後は、改革開放の下で「宗教・民族政策に関する綱領」が公布され、宗教の自由を緩和する方向が出されました。しかし、先述したとおり信仰や宗教

活動の管理は今でも続いています。周近平政権における宗教政策のキーワードは「宗教の中国化」です。宗教事務条例が2018年に改定され、規制がさらに強められるようになったと見なされています。

　中国とバチカンの外交関係は正常化されていませんが、2018年10月、司教任命権問題で暫定合意しました。ただし、党と政府の管理を受け入れない「地下教会」は今も多数存在しています。

新興家庭教会

　中国における「家庭教会」はプロテスタント系ですが、「三自」愛国教会に属さず、政府当局の登記・認可を得ていない教会の総称です。でも一つの教派となってはいません。

　その起源は1950年代に遡ります。「三自」愛国教会の組織化が進められましたが、それに加わらず、信仰の自由を守ろうと私的な領域である「家庭」へと退きました。しかし弾圧は強まり、聖書や宗教書籍の焚書、教会の指導者の投獄・強制収容・労働改造が各地で繰り返されました。文革では迫害が最高潮に達し、「三自」愛国教会、さらには党と政府の宗教担当部門さえ活動を停止しました。日本を含む国際社会のほとんどは中国でキリスト教は根絶されたと見なしました。しかし、家庭教会は社会の奥深くで静かに息づいて、生きた信仰を強靱に守り続け、それが文革終息後のキリスト教の再興につながりました。

　1980年代から90年代までは都市も農村でも、家庭教会は小規模で、当局の取締りを避けて密かに集うものでした。2000年代になると、都市では中規模から大規模な家庭教会が現れ、「新興家庭教会」という状況を呈しました。従来の伝統的「老家庭教会」と都市型の「新興家庭教会」が異なる点は、指導的存在に大学教員や学生など知識階層（文化クリスチャン）やエリート層（高学歴専門職、ビジネスマン、弁護士など）が多いことです。他方、出稼ぎ農民の集う「農民工教会」もあり、様々な社会階層に教会が広がっています。

　その背景には中国内外で強まった社会主義の危機（東欧・ソ連社会主義政権の

崩壊や天安門事件による中国共産党への幻滅）、党・政府の腐敗汚職、格差の拡大、都市化による急激な人口増加、キリスト教系リベラル学者による経典の翻訳・紹介、インターネットの発展などがあります。

高度経済成長で物質的には豊かになりましたが、精神的空洞化が進み、宗教ブームといえる現象を引き起こしました（キリスト教だけでなくチベット仏教、道教なども）。その中には天安門事件による挫折を経てキリスト教に希望を求める者もいます。キリスト者のコミュニティを通して、より自由で人権が尊重される公民社会の建設を自覚的に進める家庭教会もあります。世俗的な権力の介入・干渉を受け入れず、非暴力不服従で公正・公平な社会を形成することを使命（ミッション）としています。

近年では家庭教会の「公開化」、「合法化」が提起されています。具体的には「三自」愛国教会に属さなくとも登記・認可を求めています。これに対して当局は嫌がらせ、会堂の家主への圧力、さらには十字架撤去、会堂封鎖・破壊、牧師や信徒の拘束などで押さえ込もうとしています。

近年では「宗教中国化」が押し進められています。それは「宗教が社会主義社会に適応するよう導く」ことを意味します。2018年2月1日、宗教に関わる重要な法律である「中国宗教事務条例」が施行されました。それは許容範囲の拡大ではなく、グレーゾーンのキリスト教団体、仏教団体、道教団体を根絶し、また地下カトリック教会をローマ法王との交渉を通して官製の中国天主愛国会に併合させることを目的としていると批判されています。実際、この影響を受けていくつもの宗教団体は服従か抵抗かの間で揺れています。

零八宪章　Líng bā xiànzhāng　**第十講**

14、财产　保护：确立 和 保护 私有 财产 权利， 实行 自由、开放 的 市场 经济 制度， 保障 创业 自由， 消除 行政 垄断；设立 对 最 高 民意 机关 负责 的 国有 资产 管理 委员会，合法 有序 地 展开 产权 改革，明晰 产权 归属 和 责任者；开展 新 土地 运动， 推进 土地 私有化， 切实 保障 公民 尤其 是 农民 的 土地 所有 权。

15、财税　改革：确立 民主 财政 和 保障 纳税 人 的 权利。建立 权责 明确 的 公共 财政 制度 构架 和 运行 机制，建立 各 级 政府 合理 有效 的 财政 分权 体系；对 赋税 制度 进行 重大 改革，以 降低 税率， 简化 税制， 公平 税负。非 经 社会 公共 选择 过程，民意 机关 决议， 行政 部门 不得 随意 加税， 开征 新税。 通过 产权 改革，引进 多元 市场 主体 和 竞争 机制，降低 金融 准入 门槛， 为 发展 民间 金融 创造 条件， 使 金融 体系 充分 发挥 活力。

零八宪章 Líng bā xiànzhāng 第十講

文法のポイント

〔1〕**开展新土地运动，推进土地私有化，切实保障公民尤其是农民的土地所有权。**

　副詞の"尤其"は、「特に、とりわけ、中でも特に」と強調し、"尤其是～"の形で使われることが多い表現です。ここでは"公民"の中でも、特に"农民"の土地所有権を確実に保障することが重要だと述べています。

〔2〕**行政部门不得随意加税，开征新税。**

　"不得"は書き言葉でよく使われる表現で、「～するを得ず、～してはならない」と訳し、「禁止」の意味を表します。ここでは後に続く"随意加税，开征新税（思うに任せて増税や新規課税を行うこと）"を禁止しています。

　"非……不得"で「是非とも……でなければならない」と必要性を強調します。

　这件事非经他同意、不得擅自行动（これはどうしても彼の同意が必要で、勝手に行動してはならない）。

語句

語句	訳・解説
创业	創業。
有序	秩序ある。秩序正しい。
产权	財産権。
明晰	明確にする。
归属	帰属。
开展	展開する。繰り広げる。
新土地运动	新土地運動。
财税	財務と税務。
所有权	所有権。
权责	権力・権限と責任。

115

語句	訳・解説
构架	骨組み。（喩）物事を構成・構築するための枠組み。
运行	運営。
机制	メカニズム。機構。
赋税	租税。
降低	下げる。対義語は「提高」(先述)。
简化	簡素化。簡略化。
税负	税負担。
开征	（税の）徴収を始める。
产权	財産権。
引进	導入する。
准入	参入を許可する。
门槛	敷居。
体系	システム。体制。

問題1 本文に基づいて中国語で質問に答えましょう。

❶ "财产保护"包括哪些内容？
　答：_____

❷ 如何才能使"金融体系"充分发挥活力？
　答：_____

問題2 次の文にピンインを付け、声に出して読み、日本語に訳しましょう。

❶ 切实保障公民尤其是农民的土地所有权。
　ピンイン：_____
　訳：_____

❷ 确立民主财政和保障纳税人的权力。
　ピンイン：_____
　訳：_____

問題3 次の文を中国語に訳し、声に出して覚えましょう。

❶ 真理を求めることは学問の根本である。("寻求"を活用)
　訳：_____

❷ 教室の中でタバコを吸ったり、ケータイを使ったりしてはいけません。
("不得"を活用)
　訳：_____

❸ 蛍雪10年を通して、彼はようやく博士の学位を得た。("通过"を活用)
　訳：_____

コラム
⑩

土地改革と新土地運動

　中国共産党の政権樹立とともに進められた「土地改革運動」は、農村における封建的地主制を廃止し、農民的土地所有制を確立することを目指していました（政策としては1950年から）。この土地改革では、農村の富を温存する経済原則は無視され、旧くからあった農村固有の秩序は徹底的に破壊されました。
　新政権は新たに農村幹部を末端権力に配置し、支配体制を固めました。伝統的な階層的支配ではなく、中央から基層まで直結する権力ネットワークが設けられたのは中国史上でも始めてのことであり、党は農村末端まで直接支配できるようになり、政治的には成果をあげました。
　その一方、農業の集団化が進められ、土地法は個人所有制ではなく、「社会主義的公有制」を基礎とされました。都市の土地は国有で、郊外や農村の土地は集団所有とされました（82年憲法第10条）。
　改革開放の進展により社会主義のもとで市場経済化が進められると、国有が全人民所有や集団所有になり、また個人の有償土地使用権や譲渡権が認められるようになり（土地請負制）、経済成長をもたらしました。ただし、農村の土地は次第に商品化が進められ、開発や都市化に伴う接収により国有化されたところも出ました。
　都市を中心に経済が活性化された一方で、農村と都市、西部と東部（内陸部と沿岸部）の経済格差など「三農問題」が出てきました。この解決には、農民の生産意欲を高めることが鍵となり、自分の土地を耕して収穫を実感できる（苦労が報われる）ように、使用権ではなく所有権が求められるようになってきました。でも、中国では日本の農業協同組合のような組織はありません。このような状況において、農民の権利保障、自律・自立、民主化の一環として「新土地運動」が提起されたと言えます。

コラム ⑩

劉曉波の獄死を追悼する香港でのデモ
(2017年7月15日、撮影：美國之音海彦拍)

零八宪章　Líng bā xiànzhāng　**第十一講**

Shèhuì bǎozhàng Jiànlì fùgài quántǐ guómín de shèhuì bǎozhàng
16、社会　保障：建立 覆盖 全体 国民 的 社会 保障

tǐzhì shǐ guómín zài jiàoyù yīliáo yǎnglǎo hé jiùyè děng fāngmiàn dédào
体制，使 国民 在 教育、医疗、养老 和 就业 等 方面 得到

zuì jīběn de bǎozhàng
最 基本 的 保障。

Huánjìng bǎohù Bǎohù shēngtài huánjìng tíchàng kěchíxù fāzhǎn
17、环境　保护：保护 生态 环境，提倡 可持续 发展，

wèi zǐsūn hòudài hé quán rénlèi fùzé míngquè luòshí guójiā hé gè jí
为 子孙 后代 和 全 人类 负责；明确 落实 国家 和 各 级

guānyuán bìxū wèicǐ chéngdān de xiāngyìng zérèn fāhuī mínjiān zǔzhī
官员 必须 为此 承担 的 相应 责任；发挥 民间 组织

zài huánjìng bǎohù zhōng de cānyù hé jiāndū zuòyòng
在 环境 保护 中 的 参与 和 监督 作用。

Liánbāng gònghé Yǐ píngděng gōngzhèng de tàidù cānyù wéichí
18、联邦　共和：以 平等、 公正 的 态度 参与 维持

dìqū hépíng yǔ fāzhǎn sùzào yí ge fù zérèn de dà guó xíngxiàng Wéihù
地区 和平 与 发展，塑造 一 个 负 责任 的 大 国 形象。维护

Xiānggǎng Àomén de zìyóu zhìdù Zài zìyóu mínzhǔ de qiántí xià tōngguò
香港、 澳门 的 自由 制度。在 自由 民主 的 前提 下， 通过

píngděng tánpàn yǔ hézuò hùdòng de fāngshì xúnqiú hǎixiá liǎng'àn héjiě
平等 谈判 与 合作 互动 的 方式 寻求 海峡 两岸 和解

fāng'àn Yǐ dà zhìhuì tànsuǒ gè mínzú gòngtóng fánróng de kěnéng tújìng
方案。以 大 智慧 探索 各 民族 共同 繁荣 的 可能 途径

hé zhìdù shèjì zài mínzhǔ xiànzhèng de jiàgòu xià jiànlì Zhōnghuá
和 制度 设计，在 民主 宪政 的 架构 下 建立 中华

liánbāng gònghéguó
联邦 共和国。

Zhuǎnxíng zhèngyì Wèi lìcì zhèngzhì yùndòng zhōng zāoshòu
19、转型　正义：为 历次 政治 运动 中 遭受

zhèngzhì pòhài de rénshì jíqí jiāshǔ huīfù míngyù jǐyǔ guójiā péicháng
政治 迫害 的 人士 及其 家属，恢复 名誉，给予 国家 赔偿；

shìfàng suǒyǒu zhèngzhì fàn hé liángxīn fàn shìfàng suǒyǒu yīn xìnyǎng
释放 所有 政治 犯 和 良心 犯，释放 所有 因 信仰

ér huòzuì de rényuán chénglì zhēnxiàng diàochá wěiyuánhuì cháqīng lìshǐ
而 获罪 的 人员；成立 真相 调查 委员会， 查清 历史

shìjiàn de zhēnxiàng líqīng zérèn shēnzhāng zhèngyì zài cǐ jīchǔ shang
事件 的 真相， 厘清 责任， 伸张 正义； 在 此 基础 上

xúnqiú shèhuì héjiě
寻求 社会 和解。

文法のポイント

〔1〕在自由民主的前提下

　　在民主宪政的架构下

　"在～下" は、「～のもとに」という意味で使います。書き言葉では "在～之下" という表現も同じ意味でよく使うのであわせて覚えましょう。「"在" ＋名詞・動詞＋"（之）下"」の語順がポイントです。ここでは、「自由と民主の前提のもとで」、「民主憲政の枠組みのもとに」と訳しています。

〔2〕在此基础上寻求社会和解

　"在～上" は、前述した "在～下" と似ていますが、ある分野や方面について述べるときに使います。ここでは、"在此基础上" で「それを基礎として」と訳しています。"在～上" は、「～で、～において、～として」と訳すと自然な表現になります。

語句

語句	訳・解説
覆盖	覆う。カバーする。
养老	老人をいたわり養う。 养老送终（老人を養い死ぬまで面倒を見る）
就业	就職。
可持续发展	持続可能な発展・開発（Sustainable Development）。 開発独裁と対義的です。
后代	後代の。
负责	責任を負う。
为此	このために。
承担	（職務・責任などを）引き受ける。担当する。
联邦	連邦。
态度	態度。

零八宪章 Líng bā xiànzhāng 第十一講

語句	訳・解説
塑造	形づくる。イメージを描き出す。
形象	イメージ。姿。
谈判	話しあい。交渉。折衝。談判。
合作	協力。提携。合作。
互动	お互いに影響しあう。
寻求	（抽象的なものを）探し求める。追求する。 寻求真理（真理を探究する）
海峡两岸	（海峡を挟んだ）中国大陸と台湾。
方案	プラン。プログラム。計画。
智慧	知恵。
探索	探求する。模索する。
途径	道（筋）。ルート。手段。抽象的に用いられることが多いです。 探索和平解决的途径（平和的解決の道を探る）。
转型	（社会構造や政治制度の）転換。変化。
遭受	（不幸や損害を）被る。受ける。
人士	人士。社会的地位を有する人。 特に中国共産党員でない知名人について使われることが多いです。
及其	及びその……。
家属	家族。妻子。
恢复	回復する。
给予	与える。
赔偿	賠償。
释放	釈放。
良心犯	良心の囚人。思想・言論・信仰・人種などを理由に囚とらわれている非暴力の人々。アムネスティ・インターナショナルが提唱しました。
因	……による（原因）。
获罪	罪に問われる。罪を着せられる。
人员	人員。要員。成員。職務担当者。 机关工作人员（公務員）、值班人员（当番）
查清	究明する。
伸张	広める。広げる。 抽象的なことについて使われます。伸张正义（正義を広める）。
厘清	きちんと整理する。算定する。

123

ミニ解説

香港　香港

　香港は中国の特別行政区で、アジアの経済的センターの一つです。太平洋に開かれ深い天然の港湾を擁する自由貿易地域として発展し、700万人以上の人口を有する世界有数の人口密集地となっています。アヘン戦争（1840-42年）によりイギリスの植民地となりましたが、1997年に中国へ返還され、一国両制（一国二制度）の特別行政区として認められています。（コラム「一国両制（一国二制度）」参照）

澳门　マカオ

　マカオの歴史は、ポルトガルが中国から居住権を得た16世紀中葉まで遡ります。1949年以後もポルトガル領として存続し、1999年12月12日、中国に返還され、一国二制度の特別行政区となりました。これにより、アジア最後の植民地としてのマカオの歴史の幕が閉じられました。（コラム「一国両制（一国二制度）」参照）

零八憲章 Líng bā xiànzhāng 第十一講

問題1 本文に基づいて中国語で質問に答えましょう。

❶ "社会保障"应使得国民在哪些方面得到最基本的保障？
　答：＿＿＿＿＿＿＿＿＿＿＿＿＿＿＿＿＿＿＿＿＿＿＿＿

❷ 在怎样的前提下，通过什么方式寻求海峡两岸和解方案？
　答：＿＿＿＿＿＿＿＿＿＿＿＿＿＿＿＿＿＿＿＿＿＿＿＿

問題2 次の文にピンインを付け、声に出して読み、日本語に訳しましょう。

❶ 为子孙后代和全人类负责。
　ピンイン：＿＿＿＿＿＿＿＿＿＿＿＿＿＿＿＿＿＿＿＿＿
　訳：＿＿＿＿＿＿＿＿＿＿＿＿＿＿＿＿＿＿＿＿＿＿＿

❷ 以平等、公正的态度参与维持地区和平与发展，塑造一个负责任的大国形象。
　ピンイン：＿＿＿＿＿＿＿＿＿＿＿＿＿＿＿＿＿＿＿＿＿
　訳：＿＿＿＿＿＿＿＿＿＿＿＿＿＿＿＿＿＿＿＿＿＿＿

問題3 次の文を中国語に訳し、声に出して覚えましょう。

❶ 諸先生のご指導のもとで、私は三年かけてようやく論文を完成できました。（"在……下"を活用）
　訳：＿＿＿＿＿＿＿＿＿＿＿＿＿＿＿＿＿＿＿＿＿＿＿

❷ 皆は彼の誠実や勇敢に高い評価を与えている。（"給予"を活用）
　訳：＿＿＿＿＿＿＿＿＿＿＿＿＿＿＿＿＿＿＿＿＿＿＿

❸ 歴史の事件の真相を究明し、責任を明らかにすることは、正義を広め、これに基づいて社会に和解をもたらすための第一歩である。（"在此基礎上"を活用）
　訳：＿＿＿＿＿＿＿＿＿＿＿＿＿＿＿＿＿＿＿＿＿＿＿

125

コラム ⑪

一国両制（一国二制度）

　1842年の南京条約により、香港島はイギリスに永久割譲され、1898年7月1日には九龍以北、深圳河以南の新界地域をイギリスは租借しました。その期限は99年間で、1997年6月30日午後12時に切れることとされました。

　改革開放において中国とイギリスは交渉を進め、1984年12月19日、中英共同声明が発表され、その結果、1997年7月1日に香港は中国に返還され、「一国二制度」が実施されました。ポルトガル植民地であったマカオも1999年12月に返還・実施となりました。

　「一国二制度」とは、中国本土領域（内地）から分離した領域として、一つの主権国家の枠組みの中において二つの制度を共存・機能させるという統合方式です。当初、中国は台湾との問題を解決するために、社会主義の中華人民共和国においても一部地域に資本主義の政治・経済・社会などを残す政策として提起しました。それが香港、そしてマカオに適用されたのです。

　香港の「一国二制度」について述べると、中国政府は「主権回復」、「設立特区」、「港人治港」、「制度不変」、「繁栄保持」の「20字方針」を示しました。1990年4月には、全人代で香港特別行政区基本法が可決成立しました。これは「ミニ憲法」と言われています。そして1997年の返還に至りました。

　その後、中国経済は高度成長を続ける一方、香港経済は1997年に始まったアジア金融危機により経済力が弱まり、2003年以後、中国政府は香港経済への救済に転じ、経済的融合を急速に進め、その中で政治的社会的に影響力を拡大しました。このため、香港では自治権が狭められているという危惧が強まっています。

　2014年9月、その3年後の2017年に実施される行政長官の選挙に関して、全

人代常務委員会は民主派の出馬を事実上不可能にする方針を決めました。これに対して、民主主義を守ろうとする学生や市民が中環(セントラル)地区の行政府庁舎前に集まりました(中環占拠行動)。3日後、警察は催涙スプレーを使用し、これに対して民主派のデモ隊が雨傘を開いて対抗し、そのためこの運動は「雨傘革命」、「雨傘運動」と呼ばれるようになりました。デモ隊はテントを張って幹線道路を占拠し「候補者に制限を設けない一人一票の真の普通選挙」を求めましたが、12月11日までに強制排除されました。その中で軽傷者が出ましたが、重傷者・死者はゼロで、非暴力の市民的不服従が貫かれました。

他方、2015年末、中国本土での発禁本を取り扱う「銅鑼湾書店」の関係者が次々に失踪しました。この事件の衝撃は広がり、出版・言論・報道の自由の面でも「東洋の真珠」と呼ばれた香港社会を暗い陰が覆うようになりました。「五十年不変」とされる「高度な自治」の行方に対する懸念さえ浮上しています。

さらに、若者は当局の進める性急な「愛国教育」に対して、社会主義中国への愛国を心に植え付けるものだと反発を強めています。それは香港人としてのアイデンティティに関連し、そこに自由や民主の価値を重んじる香港社会の特質が反映しています。

海峡両岸

中国大陸と台湾は台湾海峡を挟んで、「両岸」で向きあっています(なお「両岸三地」は中国大陸、台湾、香港を指す)。

1949年から中華人民共和国(大陸)と中華民国(台湾)は分断されたまま現在に至っています。冷戦下、中台関係は国共内戦の延長で敵対していましたが、東欧・ソ連の社会主義体制の崩壊、冷戦の終息により、中台双方とも関係改善が必要となり、柔軟な路線へと転換しました。

中国は「台湾は中国の不可分の領土」であるとの立場から「二つの中国」や「一つの中国、一つの台湾」を認めず、「一つの中国」を原則として、「平和統一」の前提に位置づけ、交渉を進めています。そして統一が実現した暁には、

127

台湾に「一国二制度」を適用し、軍隊の保有を含めた高度な自治を認めると表明しています。それは「武力解放」から祖国の「平和統一」への変化でした。そして「統一」は長期的な国家目標であり、より現実的には経済面での連携強化が先決として、政治と経済を「分離」した中台交流が進められてきました。

次に台湾について見ると、1980年代後半から民主化が進み、1992年12月に実施された立法院（国会）の全面改選により議会制民主主義への平和的移行が実現されました。これは中華世界において皇帝専制の政治文化という伝統では共通してきた中国に対して、海峡を越えて重大な挑戦を突きつけることになりました。

1990年、台湾人で初めて総統に就任した李登輝（国民党）は台湾化の政策を推し進めました。さらに2000年に総統となった陳水扁（民進党）は二期目の2004年から台湾独立を標榜して脱中国化を加速させました。

これに対して、中国は独立派を危険視し、外交圧力を強めました。2005年、全人代では「反国家分裂法」が可決され、その中に台湾が「中国から分裂する事態が発生した」場合などの前提条件を付けながら、実質的な武力行使を意味する「非平和的な方法およびその他の必要な措置を講じる」と明記されました。

2010年6月、中台双方は自由貿易圏の確立を目指して「中台経済協力枠組協定（ECFA）」を締結し、中台経済関係の一体化を促進しました。そして、国民党の馬英九総統は「海峡両岸サービス貿易協定」を進めようとしました。それは中国・台湾双方のサービスの諸分野で貿易制限を撤廃し、自由化を進めて経済協力を拡大すると説明されていました。

しかし、急速な大陸への接近に野党から強い反対があがり、輸出依存度の高い台湾中小企業からも懸念の声が出て、さらに人材の流出や出版・情報などで「中国化」が進むことへの不安が募りました。そして、協定に反対する学生たちが、2014年3月18日、立法院を占拠しました。その過程で、審議そのものが不透明であることが分かり、既成政党への不信もあり、学生たちへの支援が広がりました。学生たちは立法院を占拠したとはいえ、非暴力を堅持し、「ひまわり」をシンボルにしました。そのため「ひまわり学生運動」と呼ばれました。

これにより与党国民党は大きなダメージを受け、2016年の総選挙では民進党が躍進し、蔡英文が総統に当選しました。

コラム ⑪

　こうして中国の統一に向けた動きは仕切り直しを迫られることになりました。今日、台湾の人々の中には「自分は台湾人である」との意識が高まる一方で、中台関係の現状維持を望む意見もまだ多いです。

零八宪章　Líng bā xiànzhāng　第十二講

四、结语
Jiéyǔ

中国 作为 世界 大 国，作为 联合国 安理会 五 个
Zhōngguó zuòwéi shìjiè dà guó zuòwéi Liánhéguó Ānlǐhuì wǔ ge

常任 理事 国 之 一 和 人权 理事 会 的 成员，理应 为
chángrèn lǐshì guó zhī yī hé rénquán lǐshì huì de chéngyuán lǐyīng wèi

人类 和平 事业 与 人权 进步 做出 自身 的 贡献。但 令
rénlèi hépíng shìyè yǔ rénquán jìnbù zuòchū zìshēn de gòngxiàn Dàn lìng

人 遗憾 的 是，在 当今 世界 的 所有 大 国 里，唯独 中国
rén yíhàn de shì zài dāngjīn shìjiè de suǒyǒu dà guó li wéidú Zhōngguó

还 处在 威权 主义 政治 生态 中，并 由此 造成
hái chǔzài wēiquán zhǔyì zhèngzhì shēngtài zhōng bìng yóucǐ zàochéng

连绵 不断 的 人权 灾难 和 社会 危机，束缚了 中华
liánmián búduàn de rénquán zāinàn hé shèhuì wēijī shùfùle Zhōnghuá

民族 的 自身 发展，制约了 人类 文明 的 进步——这 种
mínzú de zìshēn fāzhǎn zhìyuēle rénlèi wénmíng de jìnbù zhè zhǒng

局面 必须 改变！政治 民主化 变革 不能 再 拖延下去。
júmiàn bìxū gǎibiàn Zhèngzhì mínzhǔhuà biàngé bùnéng zài tuōyuánxiaqu

为此，我们 本着 勇于 践行 的 公民 精神， 公布
Wèicǐ wǒmen běnzhe yǒngyú jiànxíng de gōngmín jīngshén gōngbù

《零 八 宪章》。我们 希望 所有 具有 同样 危机 感、责任
Líng bā xiànzhāng Wǒmen xīwàng suǒyǒu jùyǒu tóngyàng wēijī gǎn zérèn

感 和 使命 感 的 中国 公民，不 分 朝野，不论 身份，
gǎn hé shǐmìng gǎn de Zhōngguó gōngmín bù fēn cháoyě búlùn shēnfèn

求同存异，积极 参与 到 公民 运动 中 来，共同 推动
qiútóng-cúnyì jījí cānyù dào gōngmín yùndòng zhōng lái gòngtóng tuīdòng

中国 社会 的 伟大 变革，以期 早日 建成 一 个 自由、
Zhōngguó shèhuì de wěidà biàngé yǐqī zǎorì jiànchéng yí ge zìyóu

民主、 宪政 的 国家，实现 国人 百 余 年 来 锲而 不 舍
mínzhǔ xiànzhèng de guójiā shíxiàn guórén bǎi yú nián lái qiè ér bù shě

的 追求 与 梦想。
de zhuīqiú yǔ mèngxiǎng

130

零八宪章 Líng bā xiànzhāng 第十二講

[文法のポイント]

〔1〕 中国作为世界大国，作为联合国安理会五个常任理事国之一和人权理事会的成员

　　介詞（前置詞）の "作为" は、「～として、～の資格で、～たる者として」という意味で使います。ここでは、"作为" の後に長いフレーズが続いていますが、「世界の大国として、国連安全保障理事会の五つの常任理事国として、また人権理事会のメンバーとして」と訳し、中国の役割を強調していることに注目してください。

〔2〕 令人遗憾的是

　　"令" は「～に～させる、～せしめる」という意味で、使役の表現です。ここでは "令人遗憾" なので、直訳すれば「人をして遺憾に思わしめる」という意味になりますが、「遺憾なことに、遺憾ながら」と訳します。"令人遗憾的是～" の形でよく使うので、そのまま覚えておきたい表現です。

〔3〕 政治民主化变革不能再拖延下去

　　"拖延下去" は、動詞 "拖延（引き延ばす）" に複合方向補語の "下去" が続いています。"下去" は「現在の動作や状態が継続していく」という意味があるので、"拖延下去" を直訳すると「引き延ばすことが続いていく」となります。ここでは "不能再拖延下去" で「これ以上引き延ばすこと（を続けていくこと）はできない」という意味になり、政治の民主的改革が喫緊の課題であることを強調しています。

〔4〕 积极参与到公民运动中来，

　　"中来" は複合方向補語で、動詞の後に用いて、人や事物を話し手の方、あるいは話題の中心点に近づけさせる動きであることを表します。

　　類似の表現で "他醒过来了" は「彼は正気に戻った」となります。

131

語句

語句	訳・解説
结语	結語。文章の結び。
联合国安理会	国際連合安全保障理事会。
之一	……の一つ。 这是他提出的方案之一（これが彼の出したプランの一つだ）。
成员	構成メンバー。
理应	当然……すべきである。
和平	平和。
做出	行う。つくり出す。
但	だが。ところが。しかし。
当今	今日。現在。
里	……の中で。
唯独	ただ……だけ。
还	まだ。依然として。
处在	……の状態である。……に置かれている。
政治生态	政治形態。
由此	ここから。これから。
造成	引き起こす。きたす。もたらす。
连绵不断	連綿として続く。
危机	危機。
束缚	束縛する。制限する。
不能再	これ以上……できない。
拖延	引き延ばす。遅らせる。
下去	複合方向補語として動詞の後に用いて、人や事物が話し手（の立脚点）から離れて下方に向かって移動していくことを表します。 他跑下楼去了（彼は階段を走って降りていった）。
为此	このために。
勇于	……に勇敢である。勇気をもって。
践行	実践する。実行する。
具有	備える。具有する。（一般に書き言葉）

132

零八宪章 Líng bā xiànzhāng 第十二講

語句	訳・解説
同样	同様。
朝野	政府と民間。朝野。
身份	（社会上または法律上の）身分。地位。資格。
求同存异	小異を残して大同につく。共通点を見つけ出し、異なる点は残しておく。
积极	積極的。
伟大	偉大である。立派である。
以期	……を期して。
早日	一日も早く。
建成	作りあげる。
来	"十"、"百"、"千"などの数字、もしくは数量詞の後に用いて概数を表します。"来"の読み方は軽くします。 十年来（10年ばかり）。三百来人（約300人）
锲而不舍	彫刻の手を休めない。転じて粘り強くものごとに取り組む（成語）。
梦想	夢。夢想。

133

ドリル
12

問題1 本文に基づいて中国語で質問に答えましょう。

❶ "联合国安理会" 有哪几个常任理事国?

答：_____

❷ "我们本着" 怎样的精神，公布《零八宪章》?

答：_____

❸ "国人百余年来锲而不舍的追求与梦想" 是什么?

答：_____

問題2 （作为、令人、下去）のいずれかを選び文章を完成させ、日本語に訳し、中国語は声に出して読みましょう。

❶ 如果你不来参加投票，就（　　　　　）自动弃权。

答：_____

訳：_____

❷ 他四十年如一日为学生做早餐，（　　　　　）起敬。

答：_____

訳：_____

❸ 这位领导的发言冗长而又乏味，我实在坐不（　　　　　）了。

答：_____

訳：_____

零八宪章 Líng bā xiànzhāng 第十二講

問題 3 次の文を中国語に訳し、声に出して覚えましょう。

❶ ごめんなさい。原稿の締め切りをこれ以上引き延ばすことはできません。

（“拖延” を活用）

　　訳：＿＿＿＿＿＿＿＿＿＿＿＿＿＿＿＿＿＿＿＿＿＿＿＿

❷ 彼のふるまいは大人らしくない。ほんとうに残念極まりない。

（“令人遗憾” を活用）

　　訳：＿＿＿＿＿＿＿＿＿＿＿＿＿＿＿＿＿＿＿＿＿＿＿＿

❸ 医者として当然患者に対して責任を負わねばならない。

（“作为” を活用）

　　訳：＿＿＿＿＿＿＿＿＿＿＿＿＿＿＿＿＿＿＿＿＿＿＿＿

コラム
⑫

中国の夢、憲政の夢

　中国の憲法について振り返ると、1954年に制定された後、文革で無効とされましたが、75年、78年、82年と3回も全面改定されました。1982年の後も、88年、93年、99年、2004年と修正がなされています。これは国家体制の不確実性の表れであるとも見られています。

　しかし、全人代、政協、さらには人民解放軍という、中国の主要な権力機構のすみずみまで共産党の一元的な管理・指導の下に置かれています。それなのに、どうして変わってばかりで不確実なのでしょうか？　共産党の「指導」は憲法の前文に明記されているのに、これでは不十分なのでしょうか？

　確かに、憲法が制定される前の革命期では仕方がなかったかもしれませんが、国家としての安定が求められる現在、一党だけが超法規的存在として「指導」するのではなく、むしろ様々な立場から智恵を集めて合意を形成することが必要ではないでしょうか？　民衆の切実な要求が封じ込められて鬱積し、矛盾が深まる現実を前にして、よく考えなければならない課題でしょう。

　広東省で発行されている「南方周末」はリベラルで「モノ言う週刊紙」として全国的に人気を博していました。2013年新年号には「中国の夢、憲政の夢」と題した社説が掲載されることなっていました。前年末に開かれた82年憲法制定30周年記念集会で、習近平総書記が憲政重視を表明した演説を受け、憲法に基づく法治社会を実現しようという内容でした。ところが共産党宣伝部はこれを党の指導に対する挑戦と見なし、記者や編集者にことわりなく、その部分を書き換えたのでした。

　当事者や関係者は、宣伝部の責任を明らかにすることや報道の自由を求めました。それはインターネットを通して広く知られ、市民や学生の間で賛同や支持の輪が広がりました。ところが、5月、党の機関紙で「憲政は社会主義ではな

い」とする論文が発表され、憲政批判・否定論が一気に高まりました。

　さらに2018年3月、全人代で国家主席の任期を2期（10年）までとしていた規定をとる憲法改定案が可決されました。これにより習近平国家主席が長期にわたり政権を掌握することが可能になり、「終身主席」という言説まで現れました。

　まことに「憲政の夢」について考えさせられます。

塵肺を防ぐために石工の労働者にマスクを配り、使い方を説明するボランティア（2019年2月、湖南省、関係者提供）

○八憲章

（二〇〇八年十二月九日発表）

一　前文

　本年は、中国立憲100周年、「世界人権宣言」公布60周年、「民主の壁」誕生30周年、中国政府の「市民的及び政治的権利に関する国際規約」署名10周年に当たる。長期にわたる人権の災厄と困難かつ曲折に満ちた闘いの道のりを経て目覚めた中国公民は、自由・平等・人権は人類共通の普遍的な価値であり、民主・共和・憲政が現代政治の基本的な制度枠組みであることを、日増しにはっきりと認識しつつある。これらの普遍的な価値や基本的政治制度の枠組みと乖離した「現代化」は、まさに人間から権利を剥奪し、人間性を堕落させ、人間の尊厳を踏みにじる災厄のプロセスである。21世紀の中国はどこに向かうのか？　現今のような権威主義的な統治のもとで「現代化」を継続するのか？それとも普遍的な価値を認め、主流の文明に融合して民主的な政体を樹立するのか？　これは避けることのできない選択である。

　19世紀半ばの歴史的な激変は、中国の伝統的な専制的制度の腐敗を暴き出し、中華の大地において数千年来未曾有の大変動の幕が切って落とされた。洋務運動は表面上での改良を追求し、甲午戦争（日清戦争）の敗戦は再び体制が時代遅れであることを暴露した。戊戌の変法は制度面での革新に及んだものの、結局は頑固派の残酷な鎮圧により失敗に帰した。辛亥革命は、表面的には二千年余り続いた皇権制度を埋葬し、アジアで最初の共和国を建国した。しかし、当時の内憂外患という特定の歴史的条件に制約され、共和制の政体は槿花一日の栄の如く短命に終わり、専制主義がすぐさま捲土重来した。表面的な模倣と制度の更新の失敗は、国民に文化的病根に対する反省を促し、ついに「科学と民主」を旗印にする「五・四」新文化運動が起きた。だが、内戦の頻発と外敵の侵入により、中国政治の民主化の歩みは中断を強いられた。抗日戦争（日中戦争）勝利後、中国は再び憲政への歩みをスタートさせたものの、国共内戦

「〇八憲章」日本語全訳

の結果は中国を現代版全体主義の深淵に陥れるものとなった。1949年に建国された「新中国」は、名義上は「人民共和国」だが、実際は「党の天下」であった。政権党はすべての政治的経済的社会的資源を独占し、反右派闘争、大躍進、文化大革命、「六・四」事件、民間の宗教活動および人権擁護運動の抑圧など、一連の人権侵害を引き起こし、数千万人の命が奪われ、国民も国家も甚だしい代償を支払わされた。

　20世紀後期の「改革開放」で、中国は毛沢東時代の普遍的貧困と絶対的全体主義から抜け出し、民間の富と民衆の生活水準は大幅に向上し、個人の経済的自由と社会的権利は部分的に回復し、公民社会は成長し始め、民間における人権と政治的自由への要求は日増しに高まっている。執政者も市場化と私有化の経済改革を進めると同時に、人権の拒絶から徐々に人権を承認する方向に向かっている。中国政府は、1997年、1998年、二つの重要な国際人権規約それぞれに署名し、全国人民代表大会は2004年の憲法改正で「人権の尊重と保障」を憲法に書き入れた。本年はさらに「国家人権行動計画」を策定、実行することを承諾した。しかし、こうした政治的進歩は今までのところほとんど紙の上にとどまっている。法律があっても法治がなく、憲法があっても憲政がなく、依然として誰もが知っている政治的現実がある。執政集団は引き続き権威主義的な統治を維持し、政治改革を拒絶している。そのため官界は腐敗し、法治は実現せず、人権は明らかにされず、道徳は廃れ、社会は二極分化し、経済の発展は畸形的で、自然環境と人文環境は二重に破壊され、公民の自由・財産・幸福追求の権利は制度的保障を得られず、様々な社会矛盾が絶え間なく蓄積し、不満は高まり続けている。とりわけ官民対立の激化と、集団性突発事件の激増はまさに破滅的な制御不能に向かっており、現行体制の立ち遅れは直ちに改めねばならない段階に達している。

二　我々の基本理念

　中国の将来の運命を決めるこの歴史的な岐路に立ち、百年来の現代化の過

程を顧みて、下記の基本理念を再び提示する。

　自由——自由は普遍的な価値の核心である。言論・出版・信仰・集会・結社・移動・ストライキ・デモ行進などの権利はいずれも自由の具体的表現である。自由が発揮できずして、およそ現代文明など語れるわけがない。

　人権——人権は国家が賜与するものではなく、全ての人間が生まれながらに有する権利である。人権の保障は政府の最も重要な目標であり、公権力の合法性の基礎であり、また「人を以て本となす」の内在的要求である。中国のこれまで繰り返されてきた政治的災厄はいずれも執政当局の人権無視と密接に関連する。人間は国家の主体であり、国家は人民に奉仕し、政府は人民のために存在するのである。

　平等——すべての個人は、社会的地位・職業・性別・経済状況・人種・肌の色・宗教・政治的信条に関わらず、その人格・尊厳・自由はいずれも平等である。法の下でのすべての人間の平等という原則は必ず徹底されなければならず、公民の社会的・経済的・文化的・政治的権利の原則は徹底されなければならない。

　共和——共和とは即ち「皆が共に治め、平和的に共存する」ことである。つまり権力分立によるチェック・アンド・バランスと利益の均衡であり、多くの利益の構成要素・様々な社会集団・多様な文化と信条を追求する集団が、平等な参加・公平な競争・共同の政治対話の基礎の上に、平和的な方法で公共のための業務を処理することである。

　民主——最も基本的な意味は、主権在民と民選政府である。民主には次の基本的特徴がある。

　（1）政権の合法性は人民に由来し、政治権力の源は人民にある。

　（2）政治的統治は人民の選択により決定される。

　（3）公民は真の選挙権を有し、各級政府の主要政務官僚は必ず定期的な
　　　選挙により選ばれなければならない。

　（4）多数者の決定を尊重し、同時に少数者の基本的人権を保護する。

一言で言えば、民主とは政府を「民が有し、民が治め、民が享受する」現代

的公器とすることである。

憲政——立憲政治は法律の規定と法治を通して憲法の定めた公民の基本的な自由と権利を保障するための原則である。それは政府の権力と行為の限界を画定し、さらに相応する制度的措置を提供することである。

中国において、帝国皇権の時代は既に過去のものとなり、再び戻ることはない。世界的にも、権威主義的体制は黄昏を迎えている。公民は真に国家の主人公となるべきである。「明君」や「清官」を頼りにする臣民意識を払いのけ、権利を基本とし、参与を責務とする公民意識を発揚し、自由を実践し、民主を率先して行い、法治を尊重することこそが、中国の根本的な活路である。

三　我々の基本的主張

これにより、我々は責任を担う建設的な公民の精神に基づいて、国家の政治制度、公民の権利、及び社会的発展の各方面について、以下の具体的な主張を提起する。

1　憲法改正——先述の価値理念に基づき憲法を改正し、現行憲法の中の主権在民原則にそぐわない条文を削除し、憲法を真の人権の保証書、及び公権力への許可証にし、いかなる個人・団体・党派も違反してはならぬ実施可能な最高法規とし、中国民主化のための法的権利の基礎を固める。

2　分権と均衡——権力の分立した現代的政府を構築し、立法・司法・行政の三権分立を保障する。法に基づく行政と責任ある政府の原則を確立し、行政権力の過剰な拡張を防止する。政府は納税者に責任を負わねばならない。中央と地方の間に権力分立とチェック・アンド・バランスの制度を確立し、中央権力は必ず憲法で授権の範囲を明確に定めなければならず、地方は充分な自治を実行する。

3　立法による民主——各級の立法機関は直接選挙により選出され、立法は公平正義の原則を堅持し、立法による民主を実行する。

4　司法の独立──司法は党派を超越し、いかなる干渉も受けず、司法の
　独立を実行し、司法の公正性を保障する。憲法裁判所を設立し、違憲
　審査制度を確立し、憲法の権威を守る。国家の法治に重大な危害を及
　ぼす党の各級政法委員会（法律の制定や執行に関わる党内組織）を可及的
　速やかに解散させ、公器の私物化を防ぐ。

5　公器の公用──軍の国家化を実現する。軍人は憲法に忠誠を尽くし、
　国家に忠誠を尽くさなければならない。政党組織は軍隊から退出し、軍
　隊の職業化のレベルを高める。警察を含むすべての公務員は政治的中
　立を守らなければならない。公務員の任用における党派の差別を撤廃し、
　党派に関わらず平等に任用する。

6　人権の保障──人権を確実に保障し、人間の尊厳を守る。最高民意機
　関に責任を負う人権委員会を設立し、政府が公権力を乱用して人権を侵
　害することを防止する。とりわけ公民の人身の自由は保障されねばならず、
　いかなる人も不法な逮捕・拘禁・召喚・尋問・処罰を受けない。労働
　教養制度は廃止する。

7　公職の選挙──民主的選挙制度を全面的に実施し、一人一票の平等
　選挙を実施する。各級行政首長の直接選挙を制度化し、段階的に実施
　しなければならない。定期的な自由競争選挙、及び公民が法定の公職
　に選挙で参与することは、剥奪してはならない基本的人権である。

8　都市と農村の平等──現行の都市と農村の二元戸籍制度を廃止し、公
　民として一律に平等な憲法上の権利を実現し、公民の移動の自由の権利
　を保障する。

9　結社の自由──公民の結社の自由権を保障し、現行の社会団体の登
　録審査許可制を届出制に改める。結党の禁止を撤廃し、憲法と法律によ
　り政党の行為を規範化し、一党の独占する執政的特権を廃止し、政党活
　動の自由と公平な競争の原則を確立し、政党政治の正常化と法制化を
　実現する。

10　集会の自由──平和的な集会・行進・デモ・示威行動や表現の自
　由は、憲法の定める公民の基本的自由であり、政権党と政府は不法な

干渉や違憲の制限を加えてはならない。

11　言論の自由——言論の自由・出版の自由・学問の自由を実現し、公民の知る権利と監督権を保障する。「新聞法」と「出版法」を制定し、報道規制を撤廃し、現行「刑法」中の「国家政権転覆煽動罪」条項を廃止し、言論への処罰を根絶する。

12　宗教の自由——宗教の自由と信仰の自由を保障し、政教分離を実行し、宗教・信仰の活動は政府の干渉を受けない。公民の宗教の自由を制限し、あるいは剥奪する行政法規・行政規則・地方の法規は、審査を経て撤廃する。行政が立法により宗教活動を管理することを禁止する。宗教団体（宗教活動の場所を含む）は、登記されねば合法的地位は獲得できないという事前許可制度を廃止し、これに代えて、いかなる審査も必要としない届出制とする。

13　公民教育——一党統治への奉仕やイデオロギー的色彩の濃厚な政治教育と政治試験を廃止し、普遍的な価値と公民の権利を基本とする公民教育を推進し、公民意識を確立し、社会に奉仕する公民の美徳を提唱する。

14　財産の保護——私有財産権を確立し、保護する。自由で開放的な市場経済制度を実施し、創業の自由を保障し、行政の独占を排除する。最高民意機関に対して責任を負う国有資産管理委員会を設立し、合法的で秩序ある財産権の改革を展開し、財産権の帰属と責任者を明確にする。新土地運動を繰り広げ、土地の私有化を推進し、公民、とりわけ農民の土地所有権を確実に保障する。

15　財政税務の改革——民主的な財政を確立し、納税者の権利を保障する。権限と責任が明確な公共財政制度の枠組みと運営メカニズムを構築し、各級政府の合理的かつ効果的な財政分権体系を構築する。租税制度に対して大改革を行い、税率を下げ、税制を簡素化し、税の負担を公平にする。社会的公共的な選択プロセスや民意機関の決議を経ずに行政部門が思うにまかせて増税や新規課税を行ってはならない。財産権に関する改革により多元的な市場の主体と競争のメカニズムを導入し、金

融に参入する敷居を低くし、民間金融機関の発展の条件を作り出し、金融システムの活力を充分に発揮させる。

16　社会保障——全国民をカバーする社会保障制度を構築し、国民が教育・医療・養老・就職などの面において最も基本的な保障を得られるようにする。

17　環境保護——生態環境を保護し、持続可能な開発を提唱し、子孫と全人類のために責任を果たす。国家と各級の公務員は、そのために担うべき相応の責任を明確に実行する。民間組織の環境保護への参加を促進し、監督機能を発揮させる。

18　連邦共和——平等・公正の態度で地域の平和と発展の維持に寄与し、責任ある大国のイメージを形成する。香港・マカオの自由制度を維持する。自由と民主の前提のもとで平等な交渉と相互の協力により海峡両岸の和解案を追求する。大いなる智恵で各民族が共に繁栄することが可能な道筋と制度設計を探求し、民主憲政の枠組みのもとに中華連邦共和国を樹立する。

19　正義の転換——これまでの度重なる政治運動により政治的迫害を受けた人々とその家族の名誉を回復し、国家賠償を行う。すべての政治犯と良心の囚人を釈放する。信仰により罪に問われたすべての人々を釈放する。真相調査委員会を設立し、歴史的事件の真相を究明し、責任を明らかにし、正義を広める。それを基礎として社会の和解を追求する。

四　結語

　中国は、世界の大国として、国連安全保障理事会の常任理事国五か国の一つとして、及び人権理事会のメンバーとして、人類の平和事業と人権の進歩のために進んで貢献すべきである。しかしながら遺憾なことに、今日の世界のすべての大国の中で、ただ中国だけがいまだに権威主義の政治の中にあり、このため連綿と続いて絶えることのない人権の災厄と社会の危機を招いており、また中

華民族のみずからの発展を束縛し、人類文明の進歩を制約している。——このような局面は絶対に改めねばならない！　政治の民主的改革は、もはや引き延ばすことはできないのである。

　このため、我々は勇気をもって実行するという公民の精神に基づいて「〇八憲章」を公表する。我々は危機感・責任感・使命感を共有するすべての中国公民が、官民の別なく、身分に関わらず、小異を残して大同につき、積極的に公民運動に参与し、共に中国の偉大な変革を推し進め、一日も早く自由・民主・憲政の国家を創りあげ、国民が百年余りも粘り強く追い求めてきた夢を実現することを希望する。

〇八憲章のロゴ

劉暁波 プロフィール

年	事項
1955	吉林省長春に生まれる。 文芸評論家、詩人、文学博士（北京師範大学大学院）、同大学講師。
1989	3月から5月、米国にコロンビア大学客員研究員として滞在するが、天安門民主化運動に呼応し、自らも実践すべく予定をきりあげ急遽帰国。 6月2日、仲間3人と「ハンスト宣言」を発表。4日未明、天安門広場で戒厳部隊との交渉や学生たちの無血撤退に貢献し、犠牲を最小限に止める。 6月6日に反革命宣伝煽動罪で逮捕・拘禁（1991年1月まで）、公職を追われる。釈放後、文筆活動を再開。
1995	5月〜1996年1月、民主化運動、反腐敗提言、天安門事件の真相究明や犠牲者たちの名誉回復を訴えたため北京郊外で事実上の拘禁。
1996	9月から1999年10月、社会秩序攪乱により労働教養に処せられる。劉霞と獄中結婚。
2008	12月8日、「08憲章」の中心的起草者、及びインターネットで発表した言論のため逮捕・拘禁。
2010	2月、国家政権転覆煽動罪により懲役11年、政治権利剥奪2年の判決確定。 10月、獄中でノーベル平和賞受賞。
2017	7月13日、瀋陽の病院で多臓器不全のため死去（事実上の獄死）。

中国語の著書多数。日本語版の関連書籍は『現代中国知識人批判』（徳間書店、1992）、『天安門事件から「08憲章」へ』（藤原書店、2009）、『「私には敵はいない」の思想』（藤原書店、2011）、『最後の審判を生き延びて——劉暁波文集』（岩波書店、2011）、『劉暁波と中国民主化のゆくえ』（花伝社、2011）、『牢屋の鼠』（書肆侃侃房、2014）、『劉暁波詩集・独り大海原に向かって』（書肆侃侃房、2018年）、『劉暁波伝』（集広舎、2018）など。

参考解答例付きドリル

言語は生きており、様々な表現が考えられるので、解答例は参考にしてください。

ドリル 1

問題1 本文に基づいて中国語で質問に答えましょう。

❶ 今年是什么年？
答：今年是中国立宪百年，《世界人权宣言》公布六十周年，"民主墙"诞生三十周年，中国政府签署《公民权利和政治权利国际公约》十周年。

❷ 普世价值的主要内容是什么？
答：自由、平等、人权。

問題2 日本語が示すように、次の語句を並べ替えましょう。声を出して音読しましょう。（新出単語は自分で調べましょう）

❶ 先生はコーヒーを飲みますか、それとも紅茶を飲みますか？
李老师 咖啡 喝 还是 红茶 喝？（選択疑問文で）
答：李老师喝咖啡还是喝红茶？

❷ あなたは来年の夏休みにアメリカに留学に行きますか、それともイギリスに留学に行きますか？
去 明年 美国 你 暑假 留学 还是 去 英国 打算 留学？（選択疑問文で）
答：你明年打算去美国留学还是去英国留学？

問題3 次の文を中国語に訳し、覚えましょう。

❶ 二年の努力を経て、私はようやく中国語を少し話せるようになった。
答：经过两年的努力，我终于能说一点儿汉语了。

❷ 航空便で送りますか、それとも船便で送りますか？
答：寄航空还是寄海运？

❸ 君は大学を卒業してから、会社に就職するのか、それとも海外留学へ行くのか、自分で決めてください。
答：你大学毕业后，是在公司就职，还是去海外留学，你自己决定吧。

参考解答例付きドリル

ドリル 2

問題 1 本文に基づいて中国語で質問に答えましょう。

❶ 亚洲第一个共和国是什么时候建立的?

答：亚洲第一个共和国是辛亥革命时候建立的。

❷ "五四" 新文化运动是哪一年发生的? 以什么口号为旗帜?

答：1919年。以 "科学与民主" 为旗帜。

問題 2 日本語が示すように、次の語句を並べ替えましょう。声を出して朗読しましょう。（新出単語は自分で調べましょう）

❶ 先生は私たちに授業の後でたくさん読み、聞き、練習するように要求します。

老师 我们 多读 让 多听 多练习 课后。（"让"、"叫"、"使" は……に……をさせるという使役の意味を表します）

答：老师让我们课后多读、多听、多练习。

❷ お母さんは妹をスーパーへ買い物に行かせます。

妈妈 妹妹 叫 去 东西 超市 买。

答：妈妈叫妹妹去超市买东西。

❸ 父は、私に大学で勉強を主としなければならないと言う。

大学 在 我 为 以 学习 主 爸爸 必须 说。

答：爸爸说我在大学必须以学习为主。

問題 3 次の文を日本語に訳しましょう。また、中国語は声を出して覚えましょう。

❶ 虚心使人进步, 骄傲使人落后。

答：謙虚は人を進歩させ、傲慢は人を落伍させる。

❷ 他靠勤奋和努力取得的好成绩, 使人心服口服。

答：彼は勤勉と努力によって獲得した成績は、皆を心から納得させた。

❸ 他那种只说不干, 华而不实的工作作风, 久而久之, 失去了民心。

答：彼は、口先だけのおしゃべりで、実際の行動が伴わぬ仕事ぶりのため、時間がたつうちに民心を失った。

149

ドリル
3

問題 1 本文に基づいて中国語で質問に答えましょう。

❶ 中国的"改革开放"从什么时候开始？

答：二十世纪后期（七十年代末、八十年代初）。

❷ 2004年修宪法时，把什么写进了宪法？

答：把"尊重和保障人权"写进了宪法。

問題 2 次の文には誤りがあります（一文に一つ）。正しく書き改め、音読し、意味を確認しましょう。

❶ 星期六和星期天，我对下午五点到九点在餐馆打工。

答：星期六和星期天，我从下午五点到九点在餐馆打工。

❷ 我将从2020年大学毕业。

答：我将于2020年大学毕业。

❸ 我到学汉语很感兴趣，但是拼音有点儿难。

答：我对学汉语很感兴趣，但是拼音有点儿难。

問題 3 次の文を中国語に訳し、声を出して覚えましょう。（新出単語は自分で調べましょう）

❶ 父さんはこのことをまったく忘れてしまった。（"把"構文で）

答：爸爸把这件事完全忘记了。

❷ ごみを公園に捨てないでください。（"把"構文で）

答：请不要把垃圾扔在公园里。

❸ 君が入って来たとき、私はちょうどスマホで電話をかけていました。（"正在……着"で）

答：你进来的时候，我正在用智能手机打着电话（呢）。

150

参考解答例付きドリル

ドリル
4

問題 1 本文に基づいて中国語で質問に答えましょう。

❶ "自由" 的具体表现在哪些方面？

　答：言论、出版、信仰、集会、结社、迁徙、罢工和游行示威等权利都是自由的具体体现。

❷ "平等" 在本文内具体指哪些方面？

　答：不论社会地位、职业、性别、经济状况、种族、肤色、宗教或政治信仰、其人格、尊严、自由都是平等的。

問題 2 次のピンインを中国語に直し、声を出して覚えましょう。

Rénquán bú shì guójià de cìyǔ, érshì měi ge rén
yǔshēng-jùlái jiù xiǎngyǒu de quánlì.
答：人权不是国家的赐予，而是每个人与生俱来就享有的权利。

問題 3 次の文を中国語に訳し、そして声に出して覚えましょう。

❶ 彼女たちはアルバイトではなく、ボランティア活動に参加しに行くのです。("不是……而是" を活用)

　答：她们不是去打工，而是去参加义工活动。

❷ ここに来ている以上、一杯（お酒でも）飲みましょうよ。("既然" を活用)

　答：既然来到这儿，就喝一杯吧。

❸ どんなことが起こっても、私は行かねばなりません。("不论……都" を活用)

　答：不论发生什么事情，我都必须去。

151

ドリル 5

問題1 本文に基づいて中国語で質問に答えましょう。

❶ "民主最基本的涵义" 是什么意思？
答：民主最基本的涵义是主权在民和民选政府。

❷ "宪政" 是什么意思？
答：宪政是通过法律规定和法治来保障宪法确定的公民基本自由和权利的原则，限制并划定政府权力和行为的边界，并提供相应的制度设施。

問題2 次の中国語にピンインを付け、日本語に訳し、また中国語は声を出して覚えましょう。

❶ 张扬权利为本、参与为责的公民意识。
ピンイン：zhāngyáng quánlì wéi běn、cānyǔ wéi zé de gōngmín yìshí.
訳：権利を基本とし、参与を責務とする公民意識を発揚する。

❷ 公民应当成为真正的国家主人。
ピンイン：gōngmín yīnggāi chéngwéi zhēnchèng de guójiā zhǔrén.
訳：公民は真に国家の主人公となるべきである。

問題3 次の文を中国語に訳し、声を出して覚えましょう。

❶ 彼は新しくやって来たドイツ語の先生です。（"就是" を活用）
訳：他就是新来的德语老师。

❷ 正しい決定は正しい判断から生まれる。（"来源于" あるいは "来自于" を活用）
訳：正确的决定来源于（来自于）正确的判断。

❸ 他ならぬ、これこそ本場のスペイン産ワインだ。（"才是" を活用）
訳：这才是地道的西班牙葡萄酒。

参考解答例付きドリル

ドリル 6

問題1 本文に基づいて中国語で質問に答えましょう。

❶ "三权分立" 是什么意思?
答：<u>指的是立法、司法、行政三权分立。</u>

❷ "立法" 应秉持什么原则?
答：<u>立法应秉持公平正义原则。</u>

問題2 次の（　　）に"任何"、"成为"、"应该"、"该"のいずれかを書き入れ、日本語に訳し、声を出して覚えましょう。

❶ （ 任何 ）人都不得以权谋私。
答：<u>いかなる人でも職権を利用して私的利益をはかってはならない。</u>

❷ 你应（ 该 ）不（ 应该 ）参加, 再冷静地想一想吧。
答：<u>あなたは参加すべきかどうかもう少し冷静に考えましょう。</u>

❸ 我姐姐将来想（ 成为 ）一名宇航员。
答：<u>私の姉は将来宇宙飛行士になりたい。</u>

問題3 次の文を中国語に訳し、声を出して覚えましょう。

❶ 我々が三権分立の精神に基づいて司法的判断を下します。("本着"を活用)
訳：<u>我们本着三权分立的精神进行司法判断。</u>

❷ 参考書を教室から持ち出してはなりません。("不得"を活用)
訳：<u>不得把参考书从教室带走。</u>

❸ いかなる嘘でも、必ずばれる日がやってくる。("任何"を活用)
訳：<u>任何谎言, 总有一天必将穿帮。</u>

153

ドリル
7

問題1 本文に基づいて中国語で質問に答えましょう。

❶ "司法独立" 意味着什么?
答：司法应超越党派、不受任何干预, 实行司法独立, 保障司法公正。

❷ 本文中的 "公器公用" 具体指哪些内容?
答：实现军队国家化, 军人应效忠于宪法, 效忠于国家, 政党组织应从军队中退出, 提高　军队职业化水平。包括警察在内的所有公务员应保持政治中立。消除公务员录用的党派歧视, 应不分党派平等录用。

問題2 次の文には誤りがあります（一文に一つ）。正しく書き改め、日本語に訳し、中国語は音読しましょう。

❶ 房租每月三万日元, 不对水电费在内。
答：房租每月三万日元, 不包括水电费在内。
訳：家賃は毎月3万円で、水道・電気料金は含まれていません。

❷ 忠诚在自己的内心。
答：忠诚于自己的内心。
訳：自分の心に忠実である。

❸ 公务员于保持政治中立。
答：公务员应该保持政治中立。
訳：公務員は政治的中立を保つべきだ。

問題3 次の文を中国語に訳し、声を出して覚えましょう。

❶ 彼らはできるだけ早く帰国したいと考えています。（"尽早" を活用）
訳：他想尽早回国。

❷ 人間の尊厳を侵害してはならない。（"侵犯" を活用）
訳：人的尊严不容侵犯。

❸ 私のおじいさんはお酒を飲むのが好きで、特に日本酒が大好きです。（"尤其" を活用）
訳：我爷爷喜欢喝酒, 尤其喜欢喝日本酒。

参考解答例付きドリル

ドリル
8

問題 1 本文に基づいて中国語で質問に答えましょう。

❶ "城乡平等" 是什么意思?
　答：<u>废除现行的城乡二元户籍制度，落实公民一律平等的宪法权利，保障公民的自由迁徙权。</u>

❷ "平等的选举权" 意味着什么?
　答：<u>落实一人一票</u>（的平等选举权）。

問題 2 次の文には誤りがあります（一文に一つ）。正しく書き改め、日本語に訳し、中国語は音読しましょう。

❶ 我昨天下午将手机忘。
　答：<u>我昨天下午将手机忘在电车里了。</u>
　訳：<u>昨日の午後、私は携帯電話を電車に忘れてしまった。</u>

❷ 我们把老师表扬了。
　答：<u>我们被老师表扬了。</u>
　訳：<u>私たちは先生に誉められました。</u>

❸ 公民的基本自由不对受到非法干预与违宪限制。
　答：<u>公民的基本自由不应受到非法干预与违宪限制。</u>
　訳：<u>公民の基本的自由には不法な干渉や違憲の制限を加えてはならない。</u>

問題 3 次の文を中国語に訳し、声を出して覚えましょう。

❶ 両国の関係は次第に改善されている。
　訳：<u>两国关系逐渐改善。</u>

❷ 法律の前では全ての人間は一律に平等である。
　訳：<u>法律面前人人平等。</u>

❸ 何かあったとしても、冷静を保つべきです。
　訳：<u>无论发生什么，都应该保持冷静。</u>

155

ドリル 9

問題1 本文に基づいて中国語で質問に答えましょう。

❶ "言论自由" 包括哪些内容？
答：落实言论自由、出版自由和学术自由，保障公民的知情权和监督权。制订《新闻法》和《出版法》，开放报禁，废除现行《刑法》中的 "煽动颠覆国家政权罪" 条款，杜绝以言治罪。

❷ 以什么为 "公民教育" 之本？
答：以普世价值和公民权利为本。

問題2 （并、以、或）のいずれかを選び文章を完成させ、声を出して読み、日本語に訳しましょう。

❶ 关于这部小说是否能获奖，评选委员会内部几种意见（并）存。
訳：この小説が受賞すべきどうか、選考委員会の内部ではいくつかの意見が並存している。

❷ 快递明天下午（或）后天上午可以送到你家。
訳：速達は明日の午後、あるいは明後日の午前に、あなたの自宅まで届けることができます。

❸ 他（以）笔为犁，勤奋耕耘。（原稿用紙を田畑に、筆を犂に喩える）
訳：彼はペンを犂として勤勉に努力している。

問題3 次の文を中国語に訳し、声を出して覚えましょう。

❶ 言論による処罰を根絶させねばならない。
訳：杜绝以言治罪。

❷ 公民意識を確立し、社会に奉仕する公民の美徳を提唱する。
訳：确立公民意识，倡导服务社会的公民美德。

❸ 中国ではボランティア活動に参加する人が昔より増えています。
訳：在中国，参加义工活动的人比以前增多了。

問題1 本文に基づいて中国語で質問に答えましょう。

❶ "财产保护"包括哪些内容？
答：实行自由、开放的市场经济制度，保障创业自由，消除行政垄断；设立对最高民意机关负责的国有资产管理委员会合法有序地展开产权改革，明晰产权归属和责任者等等。

❷ 如何才能使"金融体系"充分发挥活力？
答：行政部门不得随意加税，开征新税。通过产权改革，引进多元市场主体和竞争机制，降低金融准入门槛，为发展民间金融创造条件。

問題2 次の文にピンインを付け、声を出して読み、日本語に訳しましょう。

❶ 切实保障公民尤其是农民的土地所有权。
ピンイン：qièshí bǎozhàng gōngmín yóuqí shì nóngmín de tǔdì suǒyǒu quán.
訳：公民、とりわけ農民の土地所有権を確実に保障する。

❷ 确立民主财政和保障纳税人的权力。
ピンイン：Quèlì mínzhǔ cáizhèng hé bǎozhàng nàshuì rén de quánlì.
訳：民主的な財政を確立し、納税者の権利を保障する。

問題3 次の文を中国語に訳し、声を出して覚えましょう。

❶ 真理を求めることは学問の根本である。("寻求"を活用)
訳：寻求真理是学问之本。

❷ 教室の中でタバコを吸ったり、ケータイを使ったりしてはいけません。("不得"を活用)
訳：在教室里不得抽烟，不得使用手机。

❸ 蛍雪10年を通して、彼はようやく博士の学位を得た。("通过"を活用)
訳：通过十年寒窗（苦读），他终于获得（了）博士学位。

問題1 本文に基づいて中国語で質問に答えましょう。

❶ "社会保障"应使得国民在哪些方面得到最基本的保障？
答：<u>国民在教育、医疗、养老和就业等方面得到最基本的保障。</u>

❷ 在怎样的前提下，通过什么方式寻求海峡两岸和解方案？
答：<u>在自由民主的前提下，通过平等谈判与合作互动的方式寻求海峡两岸和解方案。</u>

問題2 次の文にピンインを付け、声を出して読み、日本語に訳しましょう。

❶ 为子孙后代和全人类负责。
ピンイン：<u>wèi zǐsūn hòudài hé quán rénléi fùzé.</u>
訳：<u>子孫と全人類のため責任を果たす。</u>

❷ 以平等、公正的态度参与维持地区和平与发展，塑造一个负责任的大国形象。
ピンイン：<u>Yǐ píngděng, gōngzhèng de tàidù cānyù wéichí dìqū hépíng yǔ fāzhǎn, sùzào yí ge fù zérèn de dà guó xíngxiàng.</u>
訳：<u>平等・公正の態度で地域の平和と発展の維持に寄与し、責任ある大国のイメージを形成する。</u>

問題3 次の文を中国語に訳し、声を出して覚えましょう。

❶ 諸先生のご指導のもとで、私は三年かけてようやく論文を完成できました。("在……下"を活用)
訳：<u>在诸位老师的指导下，我终于完成了论文。</u>

❷ 皆は彼の誠実や勇敢に高い評価を与えている。("給予"を活用)
訳：<u>大家给予他的诚实和勇敢以很高的评价。</u>

❸ 歴史の事件の真相を究明し、責任を明らかにすることは、正義を広め、これに基づいて社会に和解をもたらすための第一歩である。("在此基础上"を活用)
訳：<u>查清历史的真相，厘清责任，伸张正义，在此基础上寻求社会的和解。</u>

参考解答例付きドリル

ドリル
12

問題 1 本文に基づいて中国語で質問に答えましょう。

❶ "联合国安理会" 有哪几个常任理事国?
答：美国、俄罗斯、中国、英国、法国这五个常任理事国。

❷ "我们本着" 怎样的精神，公布《零八宪章》?
答：本着勇于践行的公民精神。

❸ "国人百余年来锲而不舍的追求与梦想" 是什么?
答：早日建成自由、民主、宪政的国家。

問題 2 （作为、令人、下去）のいずれかを選び文章を完成させ、日本語に訳し、中国語は声を出して読みましょう。

❶ 如果你不来参加投票，就（　　）自动弃权。
答：如果你不来参加投票，就（作为）自动弃权。
訳：もし、あなたが投票に来ないなら、自動的に棄権と見なされます。

❷ 他四十年如一日为 学生做 早餐，（　　）起敬。
答：他四十年如一日为 学生做 早餐，（令人）起敬。
訳：彼が四十年一日の如く学生のために朝食をつくってきたことに、思わず敬意を抱かされる。

❸ 这位领导的发言冗长而又泛味，我实在坐不（　　）了。
答：这位领导的发言冗长而又泛味，我实在坐不（下去）了。
訳：この指導者の発言はくどくて長いので、座って聞いてはいられなかった。

問題 3 次の文を中国語に訳し、声を出して覚えましょう。

❶ ごめんなさい。原稿の締め切りをこれ以上引き延ばすことはできません。（"拖延" を活用）
訳：对不起，截稿日期不能再拖延下去了。

❷ 彼のふるまいは大人らしくない。ほんとうに残念極まりない。（"令人遗憾" を活用）
訳：他的举止行为不像成人，真的令人遗憾。

❸ 医者として当然患者に対して責任を負わねばならない。（"作为" を活用）
訳：作为医生，当然要对患者负责任。

あとがき

　2008年12月、「〇八憲章」が発表された当時のことは、今でも鮮やかに蘇ります。北京の友人から、「とても重要だから、必ず読んでほしい」というメッセージと、「中心になって起草した劉暁波が拘束された」という知らせが同時に飛び込んできたのです。文書を読み進めながら、必ず日本語に翻訳して発表しなければ、という思いを強くしました。本書の発行者である川端幸夫氏から、励ましのお電話をいただいたことも懐かしい思い出です。その後、劉燕子さんたちと共に取り組んだのが、『天安門事件から「〇八憲章」へ』（藤原書店、2009年）でした。

　「〇八憲章」運動は、中国の自由派（リベラル派）知識人が中心ですが、実は、中国共産党の著名な幹部の中にも署名した人たちがいます。一党支配に反対する内容なので、反体制運動のように見なされますが、未来の中国をより良いものにしようと考える人たちの叡知と希望が託されているのです。「〇八憲章」発表後、その影響や党内外の言論活動、劉暁波の裁判までの動向は、拙稿「中国知識人群像」にまとめました。本書の発行元である集広舎のウェブサイトで公開されていますので、あわせてご覧いただければ幸いです。

参考：「中国知識人群像」第1〜第10回、2008年12月〜2010年1月。
https://shukousha.com/category/column/oikawa/

　劉暁波は国家政権転覆扇動罪で懲役11年の実刑判決を受け、服役中の2010年にノーベル平和賞を受賞しました。授賞式への出席は許されず、妻の劉霞もその後約8年にわたり自宅に軟禁され続けました。そして、2017年7月13日、劉暁波は末期の肝臓癌で事実上の獄死を遂げました。

あとがき

　劉暁波の著書に『未来の自由な中国は民間にあり』と題した一冊があります。
自由、民主、人権などの普遍的価値に立脚し、法治を徹底すべきだと主張した
彼の代表作です。そして、中国の民主化に向けて、仲間たちと共に発表した具
体的な提言が、この「〇八憲章」なのです。

　中国では思想や言論の統制が厳しく、民主化の道程は困難を極めています。
ですが、その困難な道を歩き続けている人々がいることも、また事実です。日本
と中国は政治体制や社会制度が異なり、日本は比較的民主的だと言えるかもし
れません。でも、果たして本当に、民主的でしょうか。そもそも民主とは、どのよ
うなものでしょうか。「〇八憲章」の学修をきっかけとして、私たちは日本の市民
社会についても自省的に考察し、行動することが出来るのではないかと考えます。

　コラム「燕のたより」や「ミニ解説」は、劉燕子さんの情熱的な執筆によるもの
です。天安門事件から30年という節目に本書を企画してくださった集広舎の川端
幸夫氏、美しい装幀と精緻なお仕事で本書の価値を高めてくださったスタジオカ
タチの玉川祐治氏、刊行に際し、お力を貸してくださったすべての方々に、心か
ら感謝を申し上げます。

　本書が、皆さんにとって、中国語の学修と中国社会への理解を深める一助に
なれば幸いです。

及川淳子

編者プロフィール

❖ 劉燕子（Liu Yanzi）
作家、現代中国文学者。北京に生まれる。神戸大学等で教鞭を執りつつ日中バイリンガルで著述・翻訳。日本語の編著訳書に『黄翔の詩と詩想』（思潮社、2003年）、『中国低層訪談録——インタビューどん底の世界』（集広舎、2008年）、『殺劫（シャーチエ）：チベットの文化大革命』（共訳、集広舎、2009年）、『天安門事件から「〇八憲章」へ』（共著、藤原書店、2009年）、『「私には敵はいない」の思想』（共著、藤原書店、2011年）、『チベットの秘密』（編著訳、集広舎、2012年）、『人間の条件1942』（集広舎、2016年）、『現代中国を知るための52章』（共著、明石書店、2018年）、『劉暁波伝』（編訳、集広舎、2018年）、『劉暁波詩集・独り大海原に向かって』（共訳、書肆侃侃房、2018年）、『中国が世界を動かした「1968」』（共著、藤原書店、2019）等、中国語の著訳書に『這条河、流過誰的前生与后生?』、『没有墓碑的草原』など多数。

❖ 及川淳子（Junko Oikawa）
中央大学准教授。日本大学大学院総合社会情報研究科博士後期課程修了、博士（総合社会文化）。専門は、現代中国社会、特に言論空間と政治文化。主要著書、共著、翻訳書に、『現代中国の言論空間と政治文化——「李鋭ネットワーク」の形成と変容』（御茶の水書房、2012年）、『天安門事件から「〇八憲章」へ』（共訳著、藤原書店、2009年）、『最後の審判を生き延びて——劉暁波文集』（岩波書店、2011年）、『劉暁波と中国民主化のゆくえ』（共訳著、花伝社、2011年）、『「私には敵はいない」の思想』（共訳著、藤原書店、2011年）、『中国リベラリズムの政治空間』（共訳著、勉誠出版、2015年）、『現代中国のリベラリズム思潮——1920年代から2015年まで』（共訳著、藤原書店、2015年）、『11通の手紙』（小学館、2019年）、『銃弾とアヘン——「六四天安門」生と死の記憶』（廖亦武著、共訳、白水社、2019年）、『新全体主義の思想史——コロンビア大学現代中国講義』（張博樹著、共訳、白水社、2019年）。

https://shukousha.com/charter08

集広舎のサイトにてネイティブの発音による中国語のリスニングと音源のダウンロードができます

「〇八憲章」で学ぶ教養中国語

令和元年（2019年）6月4日　第1刷発行

編著者 ……………………………… 劉燕子・及川淳子

発行者 …………………………………… 川端幸夫

発行 ……………………………………… 集広舎

〒812-0035 福岡市博多区中呉服町5番23号
電話 092-271-3767　　FAX 092-272-2946
https://shukousha.com/

装幀・造本 ……………………………… studio katati

印刷・製本 ……………………… モリモト印刷株式会社

©2019 Printed in Japan
ISBN 978-4-904213-75-9 C0087

集広舎の本

劉暁波伝

余傑❖著　劉燕子❖編　劉燕子・横澤泰夫❖訳

「心の自由のために、彼は身体の不自由という代償を支払った」一九八九年天安門事件、〇八憲章、ノーベル平和賞。度重なる拘束や監視にもかかわらず中国にとどまり続け、民主化を訴えた劉暁波とはどのような人間だったのか。最後まで彼と行動を共にした若手知識人作家による劉暁波の人生録。

ISBN 978-4-904213-55-1 C0023

四六判並製／五〇九頁／二七〇〇円＋税

1967 中国文化大革命

荒牧万佐行 写真集

街に溢れる大字報（壁新聞）、読み・語り・歩く大群衆――。毛沢東が待ったをかけた上海コミューン成立（一九六七年二月五日）、その一週間前という歴史的瞬間を目撃した日本人カメラマンがいた。半世紀前の人民中国――北京・上海・武漢・広州・深圳にて、文革初期の街の様子と人々のエネルギーを捉えた貴重な写真一七〇点。

ISBN 978-4-904213-54-4 C0072

B5判並製／二二六頁／二五〇〇円＋税